青少年
—叛逆心理学—

慧杰 ◎ 著

图书在版编目(CIP)数据

青少年叛逆心理学 / 慧杰著 . -- 北京:当代中国出版社,2019.5(2021.9 重印)

ISBN 978-7-5154-0915-3

Ⅰ . ①青… Ⅱ . ①慧… Ⅲ . ①青春期—家庭教育—教育心理学 Ⅳ . ① G782

中国版本图书馆 CIP 数据核字(2019)第 028249 号

出 版 人	曹宏举
策划编辑	陈 莎
策划支持	华夏智库·张 杰
责任编辑	陈 莎
责任校对	康 莹
出版统筹	周海霞
封面设计	尚世视觉
出版发行	当代中国出版社
地 址	北京市地安门西大街旌勇里 8 号
网 址	http://www.ddzg.net 邮箱:ddzgcbs@sina.com
邮政编码	100009
编 辑 部	(010)66572264 66572154 66572132 66572180
市 场 部	(010)66572281 66572161 66572157 83221785
印 刷	三河市国新印装有限公司
开 本	710 毫米 ×1000 毫米 1/16
印 张	13.5 印张 200 千字
版 次	2019 年 5 月第 1 版
印 次	2021 年 9 月第 2 次印刷
定 价	48.00 元

版权所有,翻版必究;如有印装质量问题,请拨打(010)66572159 转出版部。

前言

亲爱的你，在最初升级做父母的那一刻，一定感到欣喜若狂，对于人生之中这场最大的晋升，激动不已。看着那个"香软肥白"的小生命在你的怀抱中不停地踢腾，你的心也欢呼雀跃起来，暗暗地说："我的宝贝，你要快快长大！"

时间以迅雷不及掩耳之势向前疾驰，似乎就在转眼之间，你发现曾经那个只会哭笑的小小生命舒展开了、长大了，不再像以前那样完全依赖于父母的照顾，而是拥有越来越强大的自我意识。从两三岁时不停地说"不"；到七八岁时突然之间不愿意再当父母的小尾巴；再到青春期到来时甚至公然和父母叫板。正如中国台湾作家龙应台所说的："父母子女一场，就是看着孩子的背影渐行渐远"。

龙应台写过，孩子要去一个地方，妈妈开车正好顺路，但是他宁愿自己坐公交车，也不愿意搭乘妈妈的车。这样的选择让妈妈未免感到惆怅。但是，这正是孩子长大的必然历程。细心的父母会发现，孩子升入初中之后，他们的身高突然猛蹿，他们的体重也增长很快。男孩的喉结开始突出，声音变得低沉沙哑；女孩体重增长，变得更为丰满，再也不像一颗瘦弱的豆芽菜，而且身体渐渐前凸后翘，声音也变得尖细高亢……这实际上都是孩子的身体在释放信号：我长大了，进入青春期了，很快就要成年了。

除了这一系列身体方面的明显变化之外，孩子的心理变化是隐藏的，虽然不像身体上的变化那么显而易见,却也来势汹汹。作为父母,如果你足够细心,你会发现孩子从小时候的"话痨"变成了现在的"闷葫芦",而且他们的感情更加细腻,自尊心越来越强烈,最重要的是脾气变得越来越大,很容易暴躁冲动,也很容易莫名其妙地冲着身边的人发脾气。有的孩子还会把抽屉上锁,哪怕父母想要撬开他们的嘴,他们也坚决地一个字不说。不得不说,对于已经习惯了无微不至照顾孩子、也自以为全方位了解孩子的父母而言,这样的状态糟糕极了。你一定会感到万分焦虑——原本对孩子的言行举止了然于胸的,现在却"两眼一抹黑",根本不知道到底如何和孩子沟通和交流,更不知道孩子的心里到底在想什么、琢磨什么。这样的情况下,该怎么办呢?

现代社会,大多数家庭都只有一个孩子,因此这个孩子自然就成为了父母的"命根子",也成为了爷爷奶奶、姥姥姥爷关注的焦点。为此,每一对父母都拼尽全力给孩子最好的,甚至在到了该对孩子放手的时候,父母还依然停留在孩子小时候的阶段,依然对孩子耳提面命,紧紧拉住不愿意放手。殊不知,父母越是对孩子管教得紧,孩子就越是叛逆和抗拒。尤其是对于正处在青春叛逆期的孩子来说,父母更是要讲究方式方法,才能把话说得让孩子爱听,更能说到孩子的心里去。

父母必须认识到一点,那就是亲子关系虽然是世界上最亲密无间的关系,但同样符合普通人际关系的标准和要求,那就是:既要建立在尊重和平等对待的基础上,也要建立在顺畅沟通的基础上,才能实现彼此了解、相互理解,也才能形成友好融洽的关系。尤其是对于青春叛逆期的孩子而言,父母更是需要以与孩子建立良好的沟通作为基础,才能与孩子和谐融洽地相处。作为父母,一定不要对孩子居高临下、颐指气使,而是要发自内心地尊重孩子,真正做到平等对待孩子,这样才能成功打开孩子的心扉,真正走入孩子的内心。

顺畅的沟通就像一座桥梁,把父母与孩子的心联结在一起。不管孩子是处于宝宝叛逆期、成长叛逆期,还是青春叛逆期,只要沟通到位,父母就可以与孩子友好相处，同时建立良好的亲子关系，拥有深厚的亲子感情，最终与孩子携手并肩，一起成长！

当然，要想更加深入地了解青春期孩子的微妙情感和叛逆心理，父母也需要了解更多的心理学知识，这样当孩子在青春期出现言行举止的改变时，父母才能及时捕捉到孩子的不同，也意识到孩子为何会有这样的变化出现。这对于帮助和引导孩子，当然是有很大好处的，也可以助力每一位父母更加优秀、更加出类拔萃！

记住，只有优秀的父母才能培养出优秀的孩子，要想让孩子成为璀璨夺目的珍珠，作为父母，就要做好准备，用爱与自由为孩子营造民主的家庭氛围，用尊重和理解赋予孩子更多的选择权利，用信任和托付让孩子充满自信和勇气，坚定不移地畅行人生道路，勇攀人生巅峰！

父爱如山，平稳而厚重；母爱如水，舒缓而包容。孩子与父亲的关系，决定了孩子未来的事业指数；孩子与母亲的关系，决定了孩子未来的幸福指数。要想你的孩子未来拥有幸福的生活，作为父母，此书必读！

第1章

青春不迷茫，以尊重与平等为青少年创造成长环境

青春断乳期，青少年不再需要父母翼护 / 2

父母管教越多，青少年越是叛逆 / 4

我就是要另类 / 6

我就是觉得自己有道理 / 8

让爸爸妈妈倾听为何这么难 / 10

青春期男孩的脾气越来越大 / 13

第2章

叛逆意识初形成，让青少年在爱与自由的天空展翅飞翔

尊重与理解，是作为父母应有的好态度 / 16

谁动了我的奶酪 / 18

父母如何面对上锁的抽屉 / 20

当青少年"不撞南墙不回头" / 22

允许青少年有自己的空间 / 24

把青少年真正当成家庭一员 / 26

青春期男孩的冲动就像烈火 / 28

第3章
面对青少年的躁动不安,父母如何抚平叛逆的心

你 Out 啦 / 32

我就是不认真听讲 / 34

抽烟喝酒很酷 / 37

不要被网圈住 / 39

青少年为何爱追星 / 42

真的要瘦成林黛玉弱柳扶风的样子吗 / 44

青春期男孩为何爱撒谎 / 47

青少年为何对父母嗤之以鼻 / 49

第4章
人生最美的花期也许会"起雾",请为孩子点亮一盏心灯

孤独的孩子伤不起 / 52

嫉妒是孩子心中的毒瘤 / 54

孩子,去寻找你的勇气 / 56

不攀比,不焦躁 / 58

不虚荣,淡然做自己 / 60

戒骄戒躁,砥砺前行 / 62

轻松面对,一切都好 / 64

第5章
面对躁动不安的心,从容度过情绪化的青春期

孩子为何情绪冲动 / 68

焦躁不安让孩子迷惘 / 70

远离焦虑症 / 72

心浮气躁的孩子伤不起 / 74

"哥们儿义气"真的好吗 / 76

不自卑,拥有阳光人生 / 79

第6章
面对学习的重任和压力,找准症结、对症下药才能事半功倍

孩子为何厌学 / 82

激发孩子学习的内部驱动力 / 84

不要让课外班成为孩子的噩梦 / 86

增强记忆力,收获好成绩 / 88

谁说老师一定要让你看得顺眼呢 / 90

合理制订学习计划 / 92

劳逸结合,让学习事半功倍 / 95

端正态度面对考试排名很重要 / 96

第7章
青春期孩子的身心快速发展和变化，适时引导很重要

青春期男孩的生理困惑 / 100

从小女孩到大姑娘 / 102

及时开展性教育很重要 / 104

我不想与异性相处 / 106

我只想与异性相处 / 108

手淫，让孩子感到羞耻 / 110

性梦，从不了无痕 / 112

第8章
在青春叛逆期，亲子关系又该何去何从

父母与孩子会注定渐行渐远吗 / 116

离家出走，父母心中永远的痛 / 118

打开孩子心扉，赢得孩子信任 / 120

不唠叨，也能沟通 / 123

如何与孩子越走越近 / 125

对孩子说自己的糗事又何妨 / 127

忽略与孩子的友情关系，亲情关系也将不复存在 / 129

第9章
没有人不需要朋友,青少年更需要友谊的滋养

识别真朋友与假朋友 / 132

如何与老师相处 / 134

拓宽孩子的人际交往 / 137

尊重孩子的朋友 / 139

让孩子学会拒绝 / 141

让孩子学会换位思考 / 143

孩子为何与社会青年交往 / 145

帮助孩子克服交际障碍 / 147

孩子为何没有好人缘 / 150

第10章
把话说对不如把话说好,良好沟通叩动青少年的心扉

不要总是否定孩子 / 154

学会认真倾听孩子的心声 / 156

赏识教育,让家庭教育开花结果 / 158

适度批评,保护孩子自尊心 / 161

你欠孩子一个拥抱 / 163

营造合适的沟通氛围 / 165

与孩子的朋友经常沟通 / 168

第11章
早恋是一朵带刺的玫瑰，让青春期像雾像雨又像风

早恋——哪里有压迫，哪里就有反抗 / 172

孩子，你知道什么是爱吗 / 174

异性的友谊同样值得珍惜 / 177

对老师的感情也许只是崇拜 / 179

当孩子出现同性恋倾向 / 182

第12章
人生何处无挫折，勇敢面对才是人生强者

遭遇挫折是生活的一种状态 / 186

孩子，你终将长大 / 188

棍棒底下出逆子 / 192

输得起，才是人生强者 / 194

战胜恐惧 / 197

为何孩子不想得第一 / 200

后　记 / 203

第1章

青春不迷茫，
以尊重与平等为青少年创造成长环境

随着青春期的到来，父母对于孩子会感到越来越陌生，这是因为在青春期孩子不但身体上处于快速的成长和发育状态，而且心理和感情状态也会有非常明显的变化，尤其是思维方式的发展和改变，更是让不够了解孩子的父母措手不及。也有人说，青春期是孩子从少年到成年的过渡阶段。作为父母，一定要重视孩子的青春期，才能以尊重与平等的态度与孩子相处，为孩子营造良好的成长环境。

青春断乳期，青少年不再需要父母翼护

才上小学五年级的乐乐，就明显表现出对父母的疏远。例如，以前父母不管去哪里，乐乐都想和父母一起。但是现在，哪怕父母主动邀请乐乐一起前行，乐乐也总是推三阻四。和以往缠着父母相比，乐乐现在显然更喜欢自在独行。他宁愿留在家里自由地做一些事情，也不愿意跟着父母一起外出。对于乐乐的这种表现，让曾经因为有乐乐这个小尾巴而感到烦恼的妈妈很不适应。

周末，妈妈想要带着乐乐参加朋友的婚礼。和小时候一听说有婚礼可以参加就欢呼雀跃不同，这次乐乐皱着眉头，丝毫不想和妈妈一起去。妈妈游说很长时间，说不但有蛋糕吃，还有新郎和新娘给的红包，乐乐还是不愿意去。妈妈忍不住发脾气："你这个孩子到底怎么了？是不是想留在家里打游戏？我告诉你，即使留在家里，也休想打游戏。"乐乐无所谓地回答："我不打游戏。"妈妈更纳闷了："那你是不是想做什么坏事情？不行，我不能让你自己在家，要不我就让小姨来看着你。"乐乐实在不耐烦，对妈妈说："哎呀，你能不能不要这么烦人呢，我就想自己待在家里，我想清静一下就不行吗？我保证，我就写作业、看书，其他的任何事情都不干。"看到乐乐一本正经想要清静的样子，妈妈这才意识到问题的严重性："难道乐乐真的不是因为贪玩才想留在家里的吗？"思来想去，妈妈决定尊重乐乐的决定，因为担心乐乐在家会做出危险的事情，她临行前对乐乐千叮咛万嘱咐，直到乐乐觉得不耐烦才噤声。

从五年级也就是11岁左右（有些孩子成熟的节奏更快），孩子开始进入青春初期，初步表现出一些青春期的鲜明特点。例如，在事例中，乐乐从缠着父母、坚持要跟着父母一起出行，到拒绝和妈妈去参加婚礼，而是想要一个人留在家里，其实就是自我意识在发展，所以他更渴望独处。然而，这个时候妈妈反而不适应了，她更希望可以带着乐乐一起去参加婚礼，面对坚持要独自留在家里的乐乐又有着很多担心。实际上，孩子从12岁开始正式进入心理断乳期，作为父母，一定要了解孩子的身心发展规律，这样才能有的放矢，调整好作为父母的心态，也给予孩子最好的引导和照顾。否则，当孩子已经有了独立的渴望，父母却依然把孩子当成小小的婴幼儿对待，则亲子关系就会变得紧张，甚至因此而发生矛盾。

青春期的孩子身材越来越高大，他们不但在体格上快速成长，接近于成年人，而且心态也处于不断的发展和变化之中，越来越接近于成熟。在这样的身心发展状态中，他们渴望成为独立的自己，再也不愿意凡事都听从父母的安排，更不希望自己在父母眼前继续像小时候那样当个"透明人"。在这个阶段，父母要表现出对孩子的尊重，一则是尊重孩子的想法和选择；二则也要给予孩子独立的空间，尊重和保护孩子的隐私。此外，在与孩子平等相处的过程中，父母一定要避免居高临下地对待孩子，否则会使孩子感到压抑或者让孩子感到不平等，因此产生逆反心理，这样，则会使得亲子相处变得更加困难。

面对正处于青春断乳期的孩子，父母需要注意以下两点。首先，如果孩子表现出独处的愿望，父母就要给予孩子独处的时间和空间，要相信孩子可以自己照顾好自己，也根据孩子的年龄特点给予孩子适度的自由。其次，在与孩子相处的时候，父母不要再占据主导地位，而是可以让孩子占据主动，安排一些简单的亲子活动或者日常活动，这样孩子会感到自己被尊重，也会更加积极地遵守事先的安排，减少亲子矛盾和冲突。父母要知道，不管作为父母多么不希望孩子渐行渐远，孩子在成长的道路上，随着对于独立和自由的渴望，一定会与父母渐行渐远。那么父母就要及时调整好心态，更多地支持和帮助孩子，从而以更加适宜的姿态继续陪伴孩子行走人生之路。

父母管教越多，青少年越是叛逆

过完中秋节，天气就一天比一天冷了，深秋的意味越来越浓，乐乐自恃身强体壮，还只穿着一件短袖T恤呢。虽然每天早晨妈妈都会叮嘱他要穿外套，但乐乐就是不听，或者即使早晨穿着外套离开家，下午回来的时候也还是只穿着短袖。

时间过得很快，已经进入11月，如果是在北方地区，马上就要开始供暖了，虽然是在温暖的南京，但是也有人穿起了薄款羽绒服。看着乐乐的短袖，妈妈实在忍无可忍，强行要求乐乐必须穿上外套。不想，妈妈不发飙还好，这一发飙，反而惹得乐乐叛逆起来。妈妈说："你今天必须穿外套，你想被人当成傻子对待吗？况且，万一感冒了，谁有时间带你去医院打针，你难受了可别哭！"乐乐不以为然地说："我就是要穿短袖，我根本就不冷，而且穿着外套很热。你以为我和你一样这么老了，这么怕冷吗？"听到乐乐说自己老了，妈妈更生气了，一把抓住乐乐的胳膊，想要把乐乐拽过来。然而，11岁的乐乐已经长得比妈妈还高了，也更加强壮，因此妈妈抓住乐乐企图发力的感觉就像是抓住了一棵扎根深稳的青松。妈妈郁闷极了，气得赶紧放开手，对着乐乐光溜溜的胳膊甩了几巴掌。乐乐瞪了妈妈一眼，打开门跑下楼去上学了。看着乐乐的背影，妈妈气得直骂："这个孩子，越来越无法无天了。"

作为青春期孩子的父母，你可曾有过这样的经历呢？因为一件小小的事情就与孩子之间发生争执,但是当你说出一句话来教训孩子,孩子有十句话等着反驳你呢,而且说起话来完全没有轻重,甚至故意对着你的心窝子去戳或者索性不理睬你,我行我素,丝毫不把你的命令、唠叨或者劝谏放在心上。对于已经长得和自己差不多高的孩子,你一定会感到非常无力,深切感觉到孩子即将不受你的控制。而你呢,看着那个比自己还高大强壮的孩子,也不敢轻易动手了。

有那么一瞬间,你也许会恍惚产生错觉:我生的这是孩子还是冤家呀?不得不说,你必须接受的是:作为父母,你凭着对孩子呵斥几声就能让孩子听话的时代,已经一去不复返了。长大的孩子,有了更多的主见,再也不愿意对父母言听计从。当你说得多了、说得狠了,换来的只有孩子的叛逆和对抗。如果你不讲究方式方法,甚至还有可能导致孩子公然违抗你,或者故意与你对着干。当然,迄今为止,父母还是亲子关系的主导者,作为明智的父母,一定要及时了解孩子在青春期的身心变化,而不要一味地用老办法强制要求孩子,否则就会导致亲子关系变得非常被动。尤其是有的时候,父母的要求已经不符合孩子身心发展的需要了,那么亲子矛盾也就由此而生。

面对青春期孩子的叛逆,父母一定要意识到一点,那就是父母管得越多,孩子反而越叛逆。因而,明智的父母面对青春期孩子,会有意识地给予孩子更大的自由空间,也会循序渐进地引导孩子,有的放矢地采取孩子容易接受的方式进行亲子沟通。当然,这并不意味着父母要对孩子采取放任自流的态度。首先,如果是原则性问题,那么父母要在事前与孩子订立明确的规矩,这个规矩不但孩子要遵守,父母也要遵守,是适用于全家人的。这样一来,孩子才不会对规矩产生抵触心理,父母也可以以身作则给孩子更强大的榜样作用和正面力量。其次,如果是非原则性问题,那么父母就要灵活地应对和处理,要根据孩子的情绪状态以及事情本身的情况进行综合衡量,才能得到理性圆满的解决方案。最后,父母一定要戒掉唠叨的坏习惯。从心理学的角度而言,每个人都有心理上的超限效应,实际上就是逆反心理。一旦过度唠叨，发生超限效应，那么孩子非但不愿意听从父母的话，还会因为逆反心理而故意与父母对着干。这样的教育，有还不如没有，因而父母在发现所说的话对孩子不起作用后，就不要试图以反复的叮咛来达到效果。

孩子长大了，有了自己的主见，父母一定要真正发自内心地尊重和理解孩子，才能更好地与孩子相处和沟通，也才能更加卓有成效地引导和激励孩子成长。记住，孩子的成长每时每刻都在进行，作为父母也要与时俱进，才能最大限度地跟上孩子成长的脚步，也才能把话说到孩子的心里去，把事情做得让孩子心服口服。

我就是要另类

从上小学高年级起，刘晗就盼望着自己有朝一日可以离开家，去住校。为此，他几次三番要求去一所能住校的初中就读，父母都以过早与父母分离不利于孩子身心健康为由坚决拒绝了，却不知道刘晗无数次在心里想：和你们朝夕相处，才不利于我的身心健康呢！当然，这些话刘晗只是在心里说说，从未说出来。

好不容易到了上高中的时候，刘晗终于可以住校了，他是非常努力控制自己才没有欢呼雀跃地欢送父母离开宿舍的。看着父母在宿舍走廊里渐行渐远的背影，刘晗高兴极了。才上了一个星期学，刘晗就和妈妈要钱买衣服，还告诉妈妈宿舍里的其他男孩都有那样的衣服。听到刘晗说得可怜巴巴，妈妈正思念刘晗心切呢，就赶紧给刘晗转账500元。然而，又过去一周，等到刘晗回家的时候，妈妈简直不敢认刘晗。妈妈用手扯着刘晗的衣服问："刘晗，你这穿的是什么呀？这不就是破抹布吗，还用花钱买吗？"

看着妈妈不屑一顾的样子,刘晗赶紧挣脱妈妈的手:"你懂什么呀,可别给我扯坏了,这件衣服三百多块呢!"妈妈简直哭笑不得,说:"你要是喜欢穿,下次我给你剪,保证比这还破烂!"刘晗不高兴地说:"妈妈,你可真是老土,这是今年最流行的破洞和流苏牛仔服。"妈妈生气地说:"还时髦?我看是脑残才会这么穿,居然还花那么多钱。你看看我以后还会不会给你多余的钱!"就这样,母子俩一见面就吵了一通。

青春期男孩为什么都喜欢穿奇装异服呢?实际上,这是他们想要吸引他人注意的心理在发生作用。对于青春期男孩而言,他们一则想要获得独立,二则也想让自己变得更加特立独行、引人注目。也可以说,青春期就是一个独特的人生阶段,在这个阶段里的孩子们最喜欢以猎奇当个性,抑或说他们分不清楚猎奇与个性之间的关系。又因为身心发展的局限,他们对于很多事情的看法还没有那么深刻和理性,为此常常流于表面,心态也就会变得浮躁。

青春期孩子还很爱美,除了自我意识发展的原因之外,与他们更加关注异性也有关系。如果说孩子们在婴幼儿阶段是天真无邪的,那么到了小学阶段,则因为男女有别意识的产生,孩子们还会产生相互排斥和抵触的心理。而等到初中阶段,因为性意识的萌芽,孩子们会更加渴望得到异性关注的眼神,因此他们会做出各种奇怪的举动去吸引异性注意,其中穿着奇装异服就是重要的一项。这种情况不仅发生在男孩身上,也发生在女孩身上,这是符合青春期心理特点的。

作为父母,在发现孩子穿着奇装异服的时候,不要过分紧张,更不要当即喝令孩子改正,而是应该耐心地采取各种方式引导孩子,帮助孩子树立正确的审美观念。这样一来,孩子才能意识到自己的偏差,也才能积极主动地有所调整和改正。记住,切勿激发孩子的逆反心理,否则会让孩子穿奇装异服的情况变得更加严重。此外,父母还要避免一个误区,那就是关心孩子决不是只关心孩子的学习,而更要关心孩子的身心状态,这样才能成功打开孩子的心扉，走入孩子的内心，才可以事半功倍地教育孩子。记住，教育孩子从来不是一蹴而就的事情，而是要以尊重孩子作为基础，这样才能与孩子顺畅沟通、平等交流，也才能解开孩子的心结，更加圆满地解决亲子之间的分歧和矛盾。

我就是觉得自己有道理

　　眼看着就要升入初中了，乐乐却变得还没有小时候懂事。小时候，对于爸爸妈妈所说的话，乐乐总是能够认真地听，也会努力去做到，但是现在，对于爸爸妈妈所说的话，乐乐总是不以为然，有的时候爸爸妈妈说得多了，乐乐还会反驳和顶撞爸爸妈妈，这让爸爸妈妈非常苦恼。

　　在小学六年级的暑假，妈妈为了给乐乐奠定良好的知识基础以备上初一，为此在没有经过乐乐同意的情况下就给乐乐报名参加了小升初的衔接班，对此，乐乐坚决反对："我暑假要去奶奶家里玩一个月，不会留在家里的。"妈妈也很生气："你这个孩子怎么不分好赖啊，我花这么多钱给你报补习班，是为了什么？为了我吗？我又不考大学，还不是为了你，为了你将来能考上重点高中，才能考上好大学，有个好工作和好前程。"乐乐对此丝毫听不进去，坚持说："我就要去奶奶家里玩，我已经和小伟哥哥说好了，他还答应教会我爬树和下河摸鱼呢！"听到乐乐说要上树下河，妈妈更加紧张了："不可能！我不会同意你去的。会爬树有什么了不起，会摸鱼有助于你考大学吗？"乐乐和妈妈喊起来："会学习有什么了不起，考试考得好就能快乐吗？我都几年没有去奶奶家里过暑假了，我今年必须去。你要是不同意，我就离家出走，我看看你还能每分每秒都看着我吗？"的确，妈妈不能每分每秒都看着乐乐，她不知道自己接下来应该做些什么。

后来，爸爸换了一种方式和乐乐沟通，向乐乐详细地阐述了未来升入初中之后将会面临的学习局面，也尊重乐乐，希望乐乐可以对如何过暑假做出合理的安排，达到两方面兼顾的目的。在爸爸循循善诱的引导下，也在爸爸给予的选择权利和空间下，乐乐才做出退步，从而调整了暑假的计划，在玩耍放松的同时也为初一的学习打好基础。

在童年时期非常听话懂事的孩子，为何随着年龄的不断增长，到了青春期反而成了"常有理"，总是对父母的劝说和教导丝毫不放在心上呢？这就是因为孩子长大了，有了自己的主见，所以不再愿意凡事都对父母言听计从。当孩子认为自己有理的时候，作为父母，切勿总是否定和批评孩子，否则就会激发孩子更加逆反，导致孩子肆无忌惮地与父母对着干。明智的父母会先认可孩子的观点，接纳孩子的情绪，这样一来，就把与孩子的对立局面转化为站在孩子的角度思考问题，更容易被孩子接受，也可以与孩子之间保持良好的关系。此外，在接纳和认可孩子的基础上，再循序渐进地劝说和引导孩子，这会使孩子更乐于接受你的意见。在和孩子沟通的时候，一定要讲究方式方法，不要过于简单粗暴。

当孩子进入青春期后，很多父母因为不懂得如何与孩子沟通，常常与孩子之间产生各种各样的误解，导致亲子关系紧张。殊不知，亲子关系虽然亲密无间，但是也有普通人际关系的特点，那就是要想维持好关系，必须建立在顺畅沟通的基础之上。如果没有顺畅的沟通，孩子与父母就无法做到相互理解和尊重，亲子关系就会受到破坏，亲子感情就会非常糟糕。不得不说，当孩子在这样的状态下对父母关闭心扉，那么一切的沟通、关系维护，都会成为空谈。因此，作为父母，在与孩子相处的过程中必须坚持一个原则，那就是信任孩子，继而得到孩子的信任，从而与孩子建立顺畅的沟通渠道。这样才能消除误解，也才能让亲子关系更加和谐融洽，从而有利于孩子身心健康成长。

具体而言，要想有效改善孩子顶撞父母、"常有理"的表现，作为父母切记：不要总是居高临下地命令孩子，而是要发自内心地平等对待孩子，在与孩子产生意见分歧的时候，要真正尊重和平等对待孩子。没有人愿意被命令，而每个人都愿意被尊重和平等对待，父母不要觉得孩子是自己生养的，就采取简单粗暴的方式命令或者喝斥孩子，而是要真正理解和尊重孩子，这样才能有的放矢地与孩子沟通，给予孩子适当的引导。

让爸爸妈妈倾听为何这么难

最近这段时间，乐乐简直快被妈妈的唠叨烦死了。他越感到厌烦和排斥，妈妈就越唠叨他。为此，有一段时间，乐乐每天放学后就马上躲到房间里写作业，到了吃晚饭的时间才出来。但是，即便如此，妈妈也会借着给乐乐送水果的机会，对乐乐进行思想教育工作："乐乐，一定要认真写作业，不要粗心马虎！"有的时候，乐乐偏偏就很马虎，因为他实在太反感妈妈说这句话了。

有一天，老师在家长群里公布了孩子们的月考成绩，乐乐的月考成绩不太理想，为此，乐乐才刚回到家里，妈妈就劈头盖脸地数落乐乐："你怎么回事？每天把自己关在房间里写作业是不是都在玩啊，不然月考怎么这么差呢？我告诉你，你要是不能让爸爸妈妈信任你，从现在开始，爸爸妈妈就每天都盯着你，不给你任何放松的机会，这样你觉得舒服吗！"在妈妈如同连珠炮般的数落之下，乐乐翻了翻白眼，还是回到房间里关上门。妈妈追到房间里继续唠叨乐乐，乐乐实在忍不住，吼道："你上学的时候每道题目都会吗？我就一道题目不会，不是粗心，也不是马虎，值得你这么唠叨吗？要不然你去上学，看看你能每次都考100分吗？"听到乐乐的话，妈妈一下子不吭声了。原来，爸爸妈妈对于乐乐学习的要求就是可以有不会做的题目，但是不能有粗心马虎犯的错误。原来乐乐是因为不会做，所以才成绩不理想，妈妈觉得这样不分青红皂白就数落乐乐，对乐乐的确不公平，为此有些羞愧地问："你现在会了吗？"乐乐说："已经会了。"妈妈说："那多做几道同类型的题目复习下吧！"乐乐说："本来我想让你出题目的，但是你也没给我机会说啊！"妈妈赶紧给乐乐出题目，乐乐这才得以安心完成作业。

乐乐说得很对，就算父母亲自去上学，也没有办法把每道题目都做正确，更不能保证每道题目都完全掌握。正因为如此，在对着乐乐一通数落之后，妈妈才知道乐乐考试不理想的原因，也才知道乐乐已经及时采取了补救措施。作为父母，千万不要犯和乐乐妈妈一样的错误，在和孩子沟通的时候，一定要更加理性，这样才能做到倾听孩子，也才能建立顺畅的亲子沟通渠道。

当父母因为孩子不听话而感到烦恼的时候，殊不知，孩子也在为父母从来不倾听他们而心生厌烦。对于孩子而言，他们最渴望得到父母的倾听，也希望能够在与父母相处的过程中，被父母理解和尊重。由此可见，虽然青春期的孩子逐渐成长，实际上父母依然在亲子关系中占据主导地位。要想经营好亲子关系，父母首先要做到认真倾听孩子。

遗憾的是，在现实生活中，有很多父母都会迫不及待地否定和批评孩子，而从未想过自己应该如何做才能打开孩子的心扉、赢得孩子的信任。因为急功近利，他们常常迫不及待地对孩子提出各种过高的要求。殊不知，教育孩子从来不是一蹴而就的事情，而是需要根据孩子的成长情况和身心发展状况，对孩子耐心引导和全身心陪伴的。因此，作为父母只有端正心态，才能在教育孩子的问题上少走弯路。有的时候，快就是慢；有的时候，慢也就是快。所谓欲速则不达，恰恰告诉我们在教育和引导孩子的过程中，要慢工出细活，要通过"慢"来达到"快"的目的。

所谓的"慢"，就是要建立良好的亲子关系，与孩子之间建立顺畅的沟通渠道。唯有如此，父母才能知道孩子心里在想什么，也才能知道孩子的梦想是什么。任何情况下，沟通都是基础，如果没有良好的沟通，教育也就会变成空谈。那么，父母如何让孩子听话呢？最重要的就是认真倾听孩子。父母唯有知道孩子心里在想什么，才能对孩子作出正确的回应，也才能切实帮助孩子获得成长和进步。

倾听是有技巧的，尤其是父母倾听孩子，一定要做到以下几点。首先，要有耐心。很多父母在面对孩子的时候，尤其是在手中正在做着事情，而孩子急于表达的时候，常常会对孩子敷衍了事。其次，要多多用心。孩子之所以向父母倾诉，是想和父母亲近，也是想得到父母的积极回应。在这种情况下，父母要用心倾听孩子，也要以合适的方式积极地回应孩子，例如可以对孩子微笑、点头，也可以用语言表达对孩子的认可和赞赏。再次，父母要尊重孩子的意见和观点，而不要总是强迫孩子必须听从父母的建议。孩子虽然因父母才来到这个世界上，但是并非父母的附属品和私有物，父母一定要给予孩子更大的空间去自主决定和选择，才有利于孩子的身心发展。最后，如果孩子的决定并不会导致严重的后果，不如给孩子承担责任的机会。很多父母总是抱着先入为主的态度，要求孩子必须听从父母的经验之谈。殊不知，不经历无以成经验，对于很多事情，孩子必须亲身经历，才能有更加深刻的理解和感悟，也才能做得更好。

总而言之，父母倾听孩子不能流于表面和形式，而是要真正安下心来，认真、用心地倾听，这样才能从孩子表达的过程中知道孩子的所思所想，也才能真正助力孩子的成长。需要注意的是，很多父母盲目追求孩子必须绝对听话。实际上，孩子绝对听话并不是一件好事情，因为他们往往会失去主见，也会盲从，甚至因此而导致内心压抑。父母要把培养孩子的目标确立为帮助孩子形成自主性，也让孩子更加独立自主地面对人生，这才是最重要的。归根结底，父母必须以倾听打开孩子的心扉，才能走入孩子的内心，也才能把话说到孩子的心里去，从而给予孩子更好的引导和帮助。

青春期男孩的脾气越来越大

有一天，妈妈在给徐岩收拾房间的时候，看到徐岩的日记本就在书桌上，不由得感到非常好奇：儿子自从上了初中之后，和父母沟通越来越少，会不会有什么小秘密呢？妈妈特别想从日记本里了解徐岩的所思所想，但是她也很清楚偷看孩子的日记是不对的，这可怎么办呢？后来，还是好奇心占据了上风，妈妈安慰自己："我就看一下，绝对不表现出来，他不会知道的。"为此，妈妈打开了日记，却没有注意到在日记本的扉页间，有一根头发飘落在地。

傍晚放学回家，徐岩才回到房间几分钟，就拿着笔记本冲出房间对着妈妈大喊大叫："妈妈，你偷看我的日记了！"妈妈原本想否定，但是看到徐岩说得那么斩钉截铁，她又不敢否定，为此瞠目结舌地站在那里，一时之间不知道该如何反应。徐岩怒气冲冲，对妈妈说："你这样的做法是不对的，是卑鄙的，知道吗？你怎么可以偷看我的日记呢，这简直太糟糕了，也太让人讨厌了。我告诉你，我马上把日记烧掉，以后我还会在上学的时候把房间的门锁上！"原本，妈妈还觉得偷看徐岩的日记不对，但是听到徐岩上纲上线地说了这么多，把问题说得这么严重，妈妈原本的愧疚感荡然无存，也生气地质问徐岩："怎么了，我是你妈，看下你的日记还犯法啦？你是要把我送去坐牢，还是怎么着啊？"就这样，母子俩吵得不可开交，直到爸爸回家了，徐岩还在和妈妈怄气不吃饭呢！

这样的情形，在很多家庭里都发生过，根源就在于父母心中依然把孩子当成"小屁孩儿",而孩子已经悄无声息地长大了。为此,父母给予他们的照顾和对待,都不再符合他们的身心发展需求。这样一来,父母自以为为孩子好,到了孩子那里,就变成了父母打着爱的旗号侵犯自己。那么作为父母,一定要理性地处理好与孩子的关系,尤其是当孩子进入青春期,必须要了解孩子的身心发展特点和规律,才能更加有的放矢地给予孩子恰当的引导,帮助孩子健康快乐地成长。

每一个孩子进入青春期,都会或多或少表现出叛逆的心理特点,而且他们尤其渴望得到父母和他人的尊重。在这种情况下,父母必须发自内心地尊重和平等对待孩子,才能避免激怒孩子。在上述事例中,不得不说,就是妈妈做错了,而徐岩生气是理所当然的。当然,父母在发现自己的错误之后,也不要总是否认,更不要以耍无赖的方式马上说起自己养育孩子的辛苦。每一个父母都需要养育孩子,这是父母的义务,而尊重孩子与父母对于孩子的养育之情之间,并不能相互抵消。所以明智的父母不管为孩子付出多少,都是心甘情愿的,决不会挂在嘴边,将其作为不尊重孩子的理由和借口。人与人之间的关系都是相互的,父母只有尊重孩子,才能得到孩子的尊重和信任。记住,父母只有用爱与自由、尊重与理解为孩子营造良好的生存和成长环境,孩子才能健康快乐,才会更加全力以赴地走好人生的道路!

第2章

叛逆意识初形成，
让青少年在爱与自由的天空展翅飞翔

进入青春期后，孩子的叛逆意识从萌芽到发展，最终变得越来越强烈。在这个特殊的人生阶段，孩子还面临着繁重的学习任务，也承受着学习上的巨大压力，为此就会因为各种错综复杂的原因使情绪更加容易波动和焦虑。作为父母，一定要以爱和自由为孩子打造广阔的人生天空，所谓"海阔凭鱼跃，天高任鸟飞"，孩子一定会爱上这种展翅翱翔的感觉。

尊重与理解，是作为父母应有的好态度

时间过得真快！转眼之间，乐乐已经读完初一，过了暑假就要升入初二了。对于乐乐在初一整个学年的成长和学习表现，爸爸妈妈还是非常满意。这次暑假，妈妈有了小升初暑假因为补课与乐乐发生分歧的经验，没有擅自做主给乐乐报名参加任何补习班，而是在乐乐期末考试结束后，给乐乐报名参加了"未来领袖智慧"学习营活动。活动结束回来，乐乐心情大好，妈妈这才征求乐乐的意见："乐乐，又是暑假了，去年暑假爸爸告诉过你，暑假是弯道超车的机会，因此妈妈想问问你，你想借助暑假的机会提升哪一门课程呢？或者你觉得自己哪些方面比较薄弱，需要加强呢？爸爸妈妈一定会鼎力支持你的。"看到妈妈态度平和，乐乐很认真地想了想，说："妈妈，我觉得我需要补习数学和英语。语文学习方面，我看书多，所以成绩还算不错。不过据说到了初二，数学会难度加大。此外，如果你不反对的话，我也想提前学习物理和化学。这样一来，初二阶段我就可以'笨鸟先飞'。"听到乐乐主动要求学习和进步，妈妈非常欣慰。

妈妈提醒乐乐："这样不会太累吗？你少报一两门也可以。"乐乐顽皮地说："'少壮不努力，老大徒伤悲。'我可不想现在'抛弃'学习，将来被工作'抛弃'。而且，你不是已经给我报名了营地活动了吗，我玩过这几天，觉得很轻松了。我希望在学习一个多月之后，你还可以给我留出10天左右的时间自由支配，充分休息，然后开足马力开始初二的学习。"妈妈连连点头，对乐乐啧啧赞叹："乐乐，你真是长大了。"乐乐高兴地笑起来。

孩子一天天长大，如果父母始终对孩子采取命令和压制的态度，甚至对于很多事情根本就不征求孩子的意见，就对孩子作出苛刻的安排，那么一定会激起孩子的逆反心理，导致孩子故意与父母对着干。事例中，妈妈就曾经对乐乐犯过这样的错误，不过每一个父母都是新手，也从未有演习的经验，所以就必须"吃一堑长一智"，才能最大限度地学习与孩子相处的方式。在初一的暑假，妈妈非常尊重乐乐，也理解乐乐学习很辛苦，因而在乐乐参加营地活动放松之后，妈妈才以适当的表达方式征求乐乐对于暑假的安排，因而母子俩沟通的情况非常好，也很愉快。

具体而言，父母要理解和尊重孩子就要做到以下几点。

首先，要通过倾听了解孩子，知道孩子心中的所思所想，接下来才是理解和信任孩子，给予孩子更大的空间去主宰自己。原本青春期的孩子就渴望独立，也希望被尊重，父母这样做正好迎合了孩子的心理，也满足了孩子的情感需求，因而将会取得很好的效果。

其次，父母要想与孩子更好地相处，就不要总是关心孩子的学习成绩，更不要在孩子的表现无法达到自己预期的时候，就马上批评和否定孩子。很多孩子因为缺乏自我评价的能力，所以对于父母的评价看得非常重要，有的时候还会把父母的评价完全作为自我评价。可想而知，如果父母不能友好地评价孩子，则一定会导致孩子在自我评价方面很被动，甚至伤害孩子的自信心。正如人们常说的，好孩子都是夸出来的。从这个意义上而言，合格且优秀的父母应善于夸赞孩子，以积极的推动力促使孩子改变。

最后，还需要注意的是，不管是学习还是工作，抑或是家庭生活，都应该把握良好的节奏。如果没有节奏，一切就会变得很混乱。只有在掌握节奏的情况下，才能有的放矢地把控好速度。尤其是作为父母，常常不自觉地就会以成年人的节奏来衡量和要求孩子。殊不知，孩子的成长有其自身的节奏，而且孩子的节奏是比成年人慢。所以在做很多事情的时候，父母不要一味地催促孩子，也不要总是对孩子提出过高的期望和要求，否则就会打击孩子的自信心。总而言之，孩子的成长不是一蹴而就的，对于进入青春期的孩子表现出来的言行举止，父母一定要充分理解、充分尊重，这样才能最大限度地激发孩子的内部驱动力，让孩子更加积极地努力进取，拥有与众不同的、充实精彩的人生。

谁动了我的奶酪

陈菊从小就很喜欢看书，小小年纪就赢得了"书虫"的称号。到了初中阶段，陈菊不但爱看书，还可以写书。她常常会写一些看起来很玄妙的短篇小说，爸爸妈妈根本就看不懂。一开始，爸爸妈妈没有把陈菊爱写东西的特长放在心上，觉得写写也好，至少还能提升作文水平呢！然而，最近这段时间，陈菊在网络上的连载的小说变得越来越火爆，居然有了几千个"粉丝"，而且这些"粉丝"都会留言催促陈菊快点儿更新。为此，每天下午放学回家，陈菊都会先更新网络上的文章，把作业留到最后再写。爸爸妈妈看到陈菊作业完成得这么晚，询问了班级里的其他同学的家长，才知道作业并没有那么多，也不需要写到三更半夜。为此，他们开始对陈菊实施管控。

妈妈禁止陈菊使用电脑，爸爸还算理性，规定陈菊每个周末可以有半天的时间用电脑。陈菊很受打击，抱怨爸爸妈妈蛮横的态度。然而，没过几天，陈菊接到了出版社的电话，原来有一个编辑在网络上看到了陈菊连载的小说，很感兴趣，居然主动联系陈菊出版小说呢！陈菊欣喜若狂，把这个消息告诉了爸爸妈妈。爸爸妈妈简直难以置信，直到去出版社确认过之后，才意识到原来培养出了一个小作家。此后，爸爸妈妈允许陈菊每天有一个小时的时间写作。有一天，陈菊写作累了，去卫生间洗脸，爸爸看到陈菊的电脑打开着，就走过去想看看陈菊写出了什么新的内容，正在此时，陈菊突然喊道："不许看！"爸爸不好意思地挠挠头，赶紧走开。

陈菊为什么不希望爸爸成为她的"粉丝"呢？就是因为爸爸妈妈曾经反对陈菊写作，也从未想过陈菊居然会写得这么好。因此才打击了陈菊的信心，也让陈菊很伤心。现实生活中，几乎每一位父母都患上了严重的教育焦虑症，尤其是在孩子上了初中之后，他们恨不得第一时间就把孩子培养成才。然而，孩子的成长是循序渐进的过程，需要持续地努力和付出才能聚少成多，获得良好的效果。作为父母，一定不要动辄就对孩子提出过分的、不合理的要求，尤其要认识到孩子不是学习的机器，而是有血有肉、有思想、有灵魂的独立生命个体。只有意识到这一点，父母才能真正尊重和平等对待孩子，才能与孩子成为好朋友，给予孩子切实有效的指导和帮助。

孩子不愿意和父母沟通，是因为他们对父母关闭了心扉。作为父母，要尊重孩子，也要保护好孩子的"奶酪"，尤其需要注意的是不要随随便便就动孩子的"奶酪"。每个孩子都有自己的特长和优势，也有自己的梦想和目标。对于孩子表现出来的独特个性和对于人生与众不同的期望，父母一定要更加尊重和理解孩子，与孩子建立良好的关系，也以强大的助力成为孩子可靠的同盟。这样做父母，才能受到孩子的欢迎和喜爱，也才是成功的。

尤其是在孩子进入青春期、不愿意主动与父母沟通的时候，父母更要有耐心。所谓"磨刀不误砍柴工"，父母只有耐心友善地与孩子建立良好的关系，形成顺畅的沟通渠道，才能以语言的方式与孩子交流互动，使得对孩子的教育事半功倍。遗憾的是，现在太多的父母在教育孩子方面都功利心太强，他们总是急功近利，总是想用最少的付出得到最大的教育成果，这当然是不现实的。每一个孩子都像是一株小树苗，一开始，他们都很娇弱柔嫩，也常常因此而经不起风吹雨打，是父母的呵护才让他们健康茁壮地成长。直到有一天，他们长大了，开始独立面对人生。毋庸置疑，这个过程是漫长的，父母一定要尊重孩子成长的节奏，也要最大限度地激发孩子生命的本源力量，给孩子营造良好的成长环境，才能真正帮助孩子，也才能成为孩子成长最强大的助力。

父母如何面对上锁的抽屉

曾经，妈妈因为小莫每天一放学就对着妈妈喋喋不休而感到厌烦，似乎小莫最大的乐趣就是和妈妈分享自己在学校里一整天的见闻。然而，几年之间，看着已经进入青春期的小莫和他沉默寡言而又满腹心事的样子，妈妈很着急，似乎小莫对妈妈敞开的心门已经关闭，而妈妈无论多么努力都看不到小莫真实的模样。

有一天早晨，小莫和往常一样匆匆忙忙吃了几口早饭，就背起沉重的书包去上学。妈妈走到小莫的房间里，准备帮助小莫收拾房间。正当妈妈拿起书桌上的零碎物件准备放入抽屉的时候，却没有拉开抽屉。妈妈低头去看，才发现小莫昨天晚上偷偷地把抽屉上锁了。妈妈心中感到非常失落，也很委屈难过，她当即打电话把这件事情告诉爸爸："养了这么多年的儿子，现在把咱们当贼防备了！"爸爸听到妈妈的话，忍不住笑起来："不要这么敏感啊，难道你在青春期的时候，就没有不想被父母知道的小秘密吗？"在爸爸的安抚和劝说下，妈妈心情渐渐平复：自己曾经也是把笔记本到处藏，只为藏到一个父母看不到的地方。既然小莫有小秘密了，恰恰说明小莫长大了，那就尊重他，让他拥有自己的一方天地吧！

傍晚放学，小莫回家，在晚餐之前，妈妈心平气和地问小莫："小莫，你以后想自己收拾房间，还是继续让妈妈帮你收拾？如果你觉得自己长大了，想独立收拾房间，妈妈很高兴，因为这也是在帮助妈妈分担家务呢！"

小莫想了想，不好意思地对妈妈说："那我以后就自己收拾吧！"就这样，妈妈把收拾房间的权利交给了小莫，不但选择尊重小莫上锁的抽屉，也给了小莫更大的私人空间。妈妈和爸爸约定，以后在进入小莫房间的时候，一定要先敲门，得到许可后再进入。

面对小莫上锁的抽屉，爸爸妈妈的做法非常好，不但尊重小莫保守自己的秘密，而且妈妈还主动提出让小莫独立收拾房间，这样一来小莫就有了属于自己的更大空间。现实生活中，很多父母一旦看到孩子对父母关闭心扉或者有了更多需要保守的小秘密，总是无法做到真正尊重孩子，给予孩子爱和自由的空间。殊不知，孩子之所以有秘密，不是因为他们不再信任父母，也并不意味着他们与父母的关系变得疏远，而只是因为他们进入青春期，需要独立的空间与自己相处。明智的父母不会因此而抱怨孩子，也不会对孩子提出过分苛刻的要求，而是尊重孩子的选择，也可以顺势而为给予孩子更大的独立空间。相信孩子会感受到父母的良苦用心和真诚态度，也会因此而更愿意信任父母。这样才能有效改善亲子关系，也让青春期的孩子与父母和谐相处、顺畅沟通。

很多父母误以为孩子还小，没有所谓的隐私。殊不知，孩子尽管小，也是独立的生命个体，尤其是青少年正处于半大不小的年纪，独立意识增强，渴望自己能够得到父母的尊重，也渴望实现自己的尊严和价值。父母一定要了解孩子的心理状态和身心发展需要，从而保护孩子的隐私权利，也给予孩子爱与自由的天空。

需要注意的是，当孩子表现出对独立空间的渴望时，父母切忌不择手段地打探孩子的隐私。很多父母美其名曰为了了解孩子、帮助孩子，所以采取各种手段偷看孩子的短信和微信聊天记录，在孩子用过的电脑上看孩子的上网记录，也偷听孩子与同学的通话，偷看孩子的日记……不得不说，这些做法除了导致事与愿违，使孩子与父母更疏远之外，对于改善亲子关系丝毫没有帮助。作为父母，最珍惜的应该是孩子的信任和尊重，那么首先就要信任和尊重孩子。古人云,"已所不欲,勿施于人",父母与孩子之间的关系尽管是世界上最亲密的关系,有着血浓于水的本质,却也符合普通人际关系的要求,那就是相互理解与尊重、相互信任与爱护。只有做到这一点,亲子关系才能融洽,亲子感情才能深厚,父母也才能得到孩子的坦诚相待和信任托付。

当青少年"不撞南墙不回头"

正值初二的关键时期,乐乐的学习非常紧张。有的时候,仅仅是完成学校里的作业,就需要到深夜11:00。而早晨6:00,乐乐就要准时起床去学校上早自习。妈妈对于乐乐的情况很担忧,生怕乐乐睡眠不足,影响学习。为此,妈妈建议乐乐住到学校去,因为如果在学校里住宿,乐乐7点起床就可以,这样就能多睡一个小时。然而,乐乐对于妈妈的建议不以为然:"学校宿舍里的条件很差,都是家距离学校特别远的孩子才住的。而且,学校里伙食也不好。"妈妈说:"乐乐,虽然你回家来,妈妈可以给你做好吃的,但是睡眠也很重要,和营养一样重要。你要是觉得伙食不好,妈妈可以每隔两三天就给你送些吃的,平日里你再坚持喝牛奶,营养肯定跟得上。"然而,妈妈好说歹说,乐乐就是不同意住校,每天晚上都哈欠连天地写作业,早晨哈欠连天地起床。

这样的日子才过去两个月,乐乐就因为缺乏睡眠患上了严重的神经衰弱,他越是困倦,晚上反而越睡不着觉,常常失眠到凌晨。看到乐乐这样的状态,妈妈赶紧带着乐乐去看神经科的医生。果然,医生说乐乐的神经衰弱还挺严重的。为此,医生给乐乐开了一些调理神经的药物,也建议乐乐住到学校去,这样就可以利用原来每天早晨和傍晚在学校和家之间往返的时间，提前一个小时在 10：00 完成作业睡觉，早晨也可以晚睡一个小时到 7：00 起床。在妈妈和医生的合力劝说下，乐乐这才勉为其难答应尝试着住在学校一段时间。一个月过去了，乐乐神经衰弱的症状彻底消失，而且因为有了充足的睡眠，他的学习效果也大幅度提升。每个星期三的时候，妈妈都会给乐乐送去一次加餐，让乐乐中午吃一顿、晚上吃一顿，等到周五乐乐就可以回家大快朵颐，生活越来越有规律，学习也进步非常快。

妈妈说得很对，孩子如果没有充足的睡眠，哪怕已经摄入了充足的营养，也依然会影响健康和发育。尤其是对于青春期孩子，身心健康不但需要食物提供的营养，还需要充足的睡眠，因而睡眠也是至关重要的。心理学家经过研究发现，孩子在熟睡的状态下，身体才能得到充分的休息；如果休息不好，就会头昏脑涨，还会导致记忆力下降，理解能力也变差。可想而知，这对于孩子的成长而言是非常糟糕的。

当然，在处理是否住校这个问题的时候，妈妈一开始并没有强迫乐乐，而是给予乐乐时间亲自去尝试。直到两个月之后，乐乐因为困倦而患上神经衰弱，严重影响学习，证明妈妈给出的建议是正确的，乐乐才接受妈妈和医生的建议。换作其他的父母，也许会强求孩子必须住校，这样一来，孩子就不知道走读会浪费多少时间，也有可能会因此一直抱怨父母呢！所以，作为父母，教育孩子未必要让孩子全盘接受父母的经验，所谓"不经历无以成经验"，孩子常常会因为没有亲身经历而对父母的良苦用心无动于衷，也丝毫不领情。在这种情况下，如果让孩子"撞南墙"并不会引起严重的后果，父母不妨就让孩子亲身去实践。这样一来，孩子才会亲身体会到父母所说的是对的，也才会心甘情愿地听从父母的建议。对于孩子而言，成长的过程是不可替代的，父母固然是爱孩子，对孩子好，也应该适当让孩子吃些苦头，这样孩子才能在选择之后承担后果，也才会真正理解父母的良苦用心。

当然，作为父母，在孩子艰难选择的时候，还是可以给予孩子适当引导的。因为孩子毕竟还小，对于很多事情考虑得没有那么周全，所以父母适度的引导既有助于孩子形成良好的思维能力，也可以培养和提升孩子解决问题的能力。除此之外，当孩子因为选择错误而承担后果的时候，父母切勿嘲笑孩子，更不要对孩子说："看看吧，不听老人言，吃亏在眼前"。父母要知道，作为父母，哪怕再爱孩子，也不可能照顾孩子一辈子，更不可能代替孩子去成长和面对人生。所谓"吃一堑长一智"，这正是孩子成长过程中不可省略的重要阶段。当发现孩子犯了错误，也不得不承受后果时，父母既可以帮助孩子理性分析，也可以引导孩子发现不足和解决问题，这才是教育孩子正确的态度和应对之道。

允许青少年有自己的空间

最近，妈妈发现乐乐从学校回到家里之后，总是会关上门，而且每当妈妈走到乐乐的房间里，乐乐看起来都非常紧张的样子。有一天晚上，乐乐正在写作业，妈妈突然打开乐乐的门，乐乐吓得一哆嗦，与此同时不停地退出手机里网页的浏览页面。妈妈不由得起了疑心，质问乐乐到底在干什么。虽然乐乐解释自己只是在查一个生词的意思，但是发烫的手机出卖了他，一气之下，妈妈把手机摔在地上，怒吼乐乐："你真是不配得到父母的信任，手机才还给你几天，你就又是这样？"

原来，乐乐前几天因为长时间玩手机，被妈妈没收了手机。最近两天，妈妈才把手机还给乐乐，他又玩个不停，为此妈妈非常生气。在妈妈的训斥声中，乐乐低下了头。这件事情之后，妈妈再次没收了乐乐的手机，但是她发现，即便没有手机了，乐乐也还是会把房间的门关上，而且对于妈妈总是进入他的房间表示非常反感。

孩子为何不喜欢爸爸妈妈进入他们的房间呢？就是因为大多数爸爸妈妈在发现孩子并没有像他们所预期的那样专心致志地学习或者读书的时候，往往无法按捺内心的愤怒，总是会劈头盖脸地数落孩子。实际上，孩子已经长大了，他们可以对自己的言行举止负责，而不需要再像小时候那样凡事都要听从父母的，当然，父母也就无须对孩子耳提面命。明智的父母会适度管教孩子，却不会对孩子的一切都横加干涉。尤其是对于青春期的孩子而言，他们更加渴望独立，也希望拥有更大的自主权利，那么父母就要真正地尊重孩子，给予孩子适度的空间独处。

毫无疑问，在现实生活中，父母常常会与孩子发生各种争执和分歧，那么作为父母也要理性思考孩子的言行举止是否得宜，从而给予孩子更大的自主空间去决定很多事情。对于青春期孩子而言，他们最大的心愿就是得到父母真正的尊重和理解，他们盼望着父母能够对他们实行民主，给予他们更大的空间去自处，也给予他们更大的权利在家庭生活中发表自己的看法和意见。作为父母一定要记住，虽然孩子是因为父母才来到这个世界上，但是他们从来不是父母的附属品，更不是父母的私有物，而是独立的、有主见的生命个体。为此，父母有义务为孩子营造温馨友好的家庭氛围和环境，也有义务帮助孩子发展个性、维护尊严。想做到这一点，父母一定要真正发自内心地信任孩子，否则就会让孩子觉得自己被父母看扁，也因此导致自信心、自尊心受到伤害。

还有些父母总是干涉孩子，总是担心孩子还小，对于很多事情不能正确地做出决定或者不能真正保护好自己。实际上，这就是父母对于孩子的不信任。父母所不知道的是，随着孩子不断成长，他各个方面的能力都在不断地提升，再也不是父母心目中那个年幼的、娇弱的、需要父母拼尽全力去保护的弱小生命。孩子的成长是循序渐进的过程，父母必须与时俱进，认识到孩子的成长和进步，才能有的放矢地给予孩子更大的空间去发展自己。在条件允许的情况下，父母除了要给孩子独立的时间去自由支配之外，还要给予孩子独立的空间与自己相处。在此过程中，孩子的自理能力和独立能力都会越来越强，孩子也终将成长为一个独立自强的生命个体。

很多父母都不知道自由对于孩子意味着什么，实际上，自由之于青春期的孩子，就像水之于鱼一样，是不可或缺的，也是至关重要的。要想让孩子身心健康地成长，形成健全完善的人格，父母就要提供自由的空间和时间让孩子独处，也让孩子在此过程中更加贴近自己的心灵，获得更为广阔的成长空间。父母要记住，切勿在不知不觉间就拘束和禁锢了孩子，自己却毫不知情。要知道，对于孩子而言，人生天高地阔，未来辽阔无边。

把青少年真正当成家庭一员

最近，家里正在选房子，爸爸妈妈经过筛选，对于看过的三套房子比较有意向，但是因为这三套房子各有利弊，所以他们并没有做出最终的决定，还在艰难的选择过程中！一个周末，乐乐正在房间里写作业，听到爸爸妈妈在客厅里讨论买哪套房子，忍不住走出房间，对爸爸妈妈说："爸爸妈妈，我觉得还是买那套四居室吧！从长远考虑，虽然多花些钱，但是爷爷奶奶来了有地方住。"听了乐乐的话，妈妈感到很欣慰，说："乐乐说得很对，看来乐乐真的长大了！"

爸爸饶有兴致地问乐乐："既然你觉得应该买四居室，那么你不妨想一想，在装修的时候，要怎么安排房间呢？"乐乐说："这个问题有点儿难。等我写完作业，认真想一想再告诉你们。"爸爸与妈妈相视而笑，妈妈说："好的，你先去写作业，我把户型图发到你的手机上。等到写完作业，你再认真想一想怎么分配房间。"中午的时候，乐乐完成了作业，而且还画了简易的户型图。他把主卧室分给爸爸妈妈住，把除了主卧之外另外一个朝南的房间分给爷爷奶奶住，而且把朝北的两个房间里，稍微大一些的房间给妹妹住，他则住最小的房间。看到乐乐的分配方案，妈妈心中很惊讶，因为妈妈和乐乐想得一样，原本还担心乐乐会对此有意见呢！妈妈问乐乐："你为什么这么分配呢？"乐乐说："爸爸妈妈住在主卧，方便爸爸每天早晨冲澡；爷爷奶奶老了，虽然现在还没有长期和我们一起生活，但是过两年爷爷退休，他们就会来常住，而且他们白天留在家里的时间很多，所以要让他们住在朝南的房间，多晒太阳；至于我和妹妹，因为我已经上初中，很快就会高中住校、大学住校，所以我只需要住小房间，偶尔回家来住，妹妹还小，还要在家里住很长时间，因而给她一间稍微大点儿的房间。"妈妈由衷地对乐乐竖起大拇指："你的安排非常合理，妈妈决定完全采纳你的意见。"乐乐高兴地笑起来，妈妈也如释重负：乐乐经常会和妹妹争抢一些小东西，没想到这次会主动把大房间让给妹妹住，乐乐真的长大了。

　　青春期孩子的思维能力不断发展，对于生活的感悟也更加深刻，因而爸爸妈妈一定要避免以老眼光看待孩子，而是要更加积极主动地征求孩子的意见，给予孩子机会发表自己的看法，表现自己更加成熟的思维能力。最重要的是，父母一定要把孩子当成家庭成员去对待，这样才能给予孩子机会，让孩子积极主动地表现自己。

　　在日常生活中，很多父母都会理所当然且居高临下地对待孩子，更有一些父母觉得孩子是自己生养的，就对孩子百般挑剔和苛责。实际上，这样的教育方式对于孩子的成长非常不利。父母总是对孩子颐指气使，就可能导致孩子压抑自己的内心，不愿意与父母沟通或者会导致孩子与父母之间产生各种分歧和意见，发生矛盾。与其被动地接受孩子的意见，不如主动询问孩子的意见，这样一来，孩子与父母之间才会更加和谐地相处，也才会有更好的沟通与互动。

　　记住，亲子关系虽然是世界上最亲密无间的关系之一，但是随着孩子的不断成长，父母与孩子之间其实在渐行渐远。所以，父母一定要端正态度，真正尊重和平等对待孩子，这样才有助于孩子敞开心扉，也才能赢得孩子的信任与尊重。一切良好的关系，都要建立在平等的基础上。所以，真正理想的家庭关系是民主、平等与和谐的，需要家庭成员之间相互尊重与信任。在对待孩子的时候，很多父母误以为孩子还小，不太懂事，因而对孩子有很多的误解。其实不然。青春期的孩子感情非常敏感细腻，而且对于父母的细微变化都会看在眼里、记在心里，也会因此而以不同的态度对待父母。所以，父母要慎重地对待孩子，不要觉得孩子还小，就不尊重孩子的意见。要记住，孩子会感受和体验到父母的态度，也会因此而采取不同的策略与父母相处。父母作为亲子关系的主导者，就要更加理解和信任孩子，有的放矢地帮助孩子健康快乐地成长。

青春期男孩的冲动就像烈火

有一天，妈妈正在上班呢，突然接到老师的电话，原来徐岩在学校里与同学打架了。妈妈很惊讶，因为徐岩平日里性格温顺，他为何会与同学打起来呢？妈妈挂断电话的第一时间就向领导请假赶往学校。

到了老师的办公室，听到老师讲述了事件的经过，妈妈未免觉得徐岩有些小题大做。原来，徐岩最近正处于变声期，声音很嘶哑，也很难听，所以遭到了一个同学的嘲笑。徐岩很生气，冲上去就抓住同学的衣服领子，和同学扭打起来，直到老师赶到，才把他们分开。徐岩让同学的脸上挂了彩，自己的脸上也吃了同学一记拳头，导致流鼻血。面对这样的情况，面对两个同样处于青春期冲动的男孩，老师觉得没法和家长交代，只能在第一时间把家长都约到学校里，让家长看看孩子们的冲动表现。双方家长见面之后，彼此都很通情达理，也知道青春期男孩很容易冲动，因而很快就彼此谅解。

回到家里，妈妈教育徐岩："徐岩，每个青春期男孩都会变声，这就像丑小鸭要经过蜕变才能成为白天鹅一样，你未来也会有充满磁性的低沉嗓音，不好吗？"徐岩瓮声瓮气地说："我知道。但是，我不能接受嘲笑。"妈妈笑起来："你平时也会和同学开玩笑吧？用他们的缺点或者不足开玩笑，这和嘲笑很相似。其实，你不一定是恶意的，同学也不一定是恶意的。但是如果你不能很好地控制自己，就会陷入困境之中，变得非常被动，知道吗？"徐岩听到妈妈的话，陷入了沉思。后来，徐岩和妈妈承认了自己冲动造成的错误，也决定要和那位同学和解。

青春期男孩原本就是容易情绪冲动，而且他们的情绪复杂多变，对于很多平日里能够接受的事情，在情绪冲动的状态下，就会因此而陷入歇斯底里之中无法自拔。为此，作为父母，一定要及时洞察孩子的情绪，也要以合理的方式帮助孩子疏导情绪，这样一来，孩子才能做到心平气和，也才能更加理性对待很多事情。需要注意的是，面对孩子冲动的情绪，父母一定要控制好自己，不要也像孩子一样歇斯底里，这样只会导致事情变得更加糟糕。

当然，为了引导青春期男孩合理控制情绪，父母也要多多劝说男孩，让男孩意识到冲动情绪会带来的恶劣结果。唯有如此，男孩才能知道情绪的强大力量和负面作用，也才能积极主动地控制情绪。当然，控制情绪只是在情绪已经发生的情况下采取的补救措施，更为重要的是，要让青春期男孩学会保持情绪平静，也拥有博大的胸怀。唯有如此，男孩才能有效减少负面情绪的发生。凡事未雨绸缪是有必要的，这样才能防患于未然，也争取得到最好的结果。

尤其需要注意的是，很多男孩在情绪冲动之余都喜欢动手。其实，这是青春期孩子体内大量分泌的荷尔蒙在捣乱。作为父母，既要理解和包容孩子的情绪，从而引导孩子控制好情绪；也要为孩子确立行为的边界，以义正辞严的方式告诉孩子任何情况下都不要放纵情绪，不要让情绪如同泛滥的洪水一样肆无忌惮地奔腾，尤其是要控制好自己的行为，不要动不动就攻击他人。当然，在此过程中，父母还要有的放矢地教会孩子遇到矛盾、分歧和纠纷的时候如何解决，这才是最重要的。当孩子拥有更加合理有效的解决问题的方式，他们就不会舍本逐末，也就不会盲目地解决问题。总而言之，作为青春期孩子的父母，面对男孩时常会做出让父母瞠目结舌的事情，父母一定要足够重视，态度慎重、教育方式合理，才能给予孩子最好的教育和引导。

第3章

面对青少年的躁动不安，父母如何抚平叛逆的心

青春期的孩子总是躁动不安的，身心的快速发展也让他们面临前所未有的变化。作为父母，一定要理性面对孩子，才能最大限度地打开孩子的心扉，也才能让孩子在成长过程中信任父母、愿意向父母倾诉，如此才能保证亲子沟通的顺畅，也才能让亲子教育顺利开展。

你Out啦

周末，陈菊正在和同学聊天呢，妈妈开始为陈菊收拾房间。陈菊和同学使用语音聊天，为此妈妈才利用"工作之便"听到了一些聊天的内容，却听得一头雾水。

陈菊：你稀饭吗？

同学：是的，超级稀饭。

陈菊：就是酱紫，我也很稀饭。

……

才听了两句，妈妈就忍不住问："陈菊，你在说些什么啊？这是外星的语言吗？还是根本就是鸟语？"陈菊看着妈妈一脸嫌弃的样子，忍不住哈哈大笑起来，说："妈妈，你Out啦！连这么流行的话都听不懂，也难怪，谁让咱们之间有代沟呢！"听着陈菊的话，妈妈感觉很受伤。周一的时候，陈菊去上学了，妈妈赶紧上网查这些话的意思，这才知道"稀饭"就是喜欢，"酱紫"就是这样子。妈妈坐在电脑面前看着那么多的网络流行语，忍不住连连摇头："现在的孩子怎么都这样呢，连好好说话都不愿意！"

如今，网络的普及让孩子们随时随地都能接收到大量的信息，也使得孩子们成长的速度加快。尤其是当孩子从网络上学习到很多流行语的时候，父母和孩子沟通时往往一头雾水，根本不知道孩子在说什么。实际上，要想改变这样的情况，想要让孩子避免接触网络或者少说流行语是很难的，因为孩子成长的环境就是如此。那么，作为父母，为了与孩子有共同语言，就要想方设法跟上孩子成长的脚步，也多多接触流行用语，才能避免被孩子嫌弃。

很多父母会发现，孩子在进入青春期之后，在接触流行文化方面与父母之间差距越来越大。逐渐变为"老古董"的父母，想要和孩子沟通得更顺畅一些，就要在孩子刚刚进入青春期的时候，积极主动地学习，与时俱进地陪伴孩子成长，这样才能以孩子喜欢的语言表达方式与孩子进行沟通。曾经有心理学家针对孩子的心理展开研究，发现孩子在成长过程中与父母相处有一定的心理轨迹可循。通常情况下，孩子在 10 岁之前会非常崇拜父母，但是到了 10 岁，也就是进入青春期之后，孩子往往表现出不知天高地厚的心理特点，也就会因为自身的快速成长而对父母表现出轻视和不屑一顾。20—30 岁，孩子渐渐地走向成熟，开始迈步走向中年，为此他们会更加理解父母，也愿意与父母沟通交流。30—40 岁，孩子非常热爱父母，因为他们正在经历当年父母抚养他们成长的年龄段。孩子真正理解父母，是在 50 岁左右，这个阶段的孩子已经走过了人生青年与中年，开始迈步走向老年，也经历了人生之中的很多事情，为此他们真正理解了父母的苦衷。由此可见，在所有的年龄段之中，孩子从 12—18 岁，正值青春期的巅峰时期，与父母之间的矛盾冲突是最多的，也最容易与父母发生争执，容易自以为是、贬低和藐视父母。

在这个阶段，父母一定要与孩子更好地相处，也要积极主动地学习。很多父母对于孩子所说的网络语言、流行语言等不以为然，甚至强制要求孩子不许说这些乱七八糟的话。然而，整个社会的大环境就是如此，孩子除了在家庭生活中会受到父母的影响之外，在学校生活中，也会受到同学们的影响。为此，面对孩子的成长，父母要顺应时代与形势的要求，与时俱进跟上孩子成长的脚步，这样才能最大限度地打开孩子的心扉，与孩子顺畅地沟通。

此外，父母还可以在悄悄学习和补课之后，主动与孩子说起时下流行的话题。当孩子发现原本老土的父母居然在说起相关话题的时候比他们更为开明，而且资讯也很潮的时候，他们一定会对父母刮目相看，也会因此与父母走得更近。

当然，任何人际关系想要发展和维护，都要建立在沟通的基础上。如今，很多父母抱怨孩子不愿意与父母交流，虽然同在一个屋檐下生活，孩子却总是自顾自地学习或者玩耍，不愿意向父母吐露心声。实际上，在孩子制订学习和生活计划的时候，父母就可以先行要求孩子留出固定的时间与父母沟通，这样一来，孩子就会形成与父母沟通的习惯，在父母的努力之下，亲子沟通也会更加和谐顺畅。总而言之，孩子在成长，有的时候孩子成长的速度甚至远远超出父母的想象。作为父母，一定要更加积极主动地朝着现代化教育迈进，因为成为孩子心目中"很潮的父母"也是一种伟大的成功。

我就是不认真听讲

接到老师的电话，张杰妈妈无奈地赶往学校。虽然她知道去学校准没有好事情，但是谁让自己是张杰的妈妈呢，所以必须硬着头皮接受这一切。果然，到了学校里，老师还是老生常谈："张杰妈妈，我实在是对你家张杰没有办法。他不但自己不认真听讲，而且还总是捣乱，影响其他同学听讲。这样一来，我上课都没有办法上，只顾着去维持课堂纪律。如今已经不是他一个人是否听讲的问题，而是影响到我的教学质量。你说说，到底该怎么办？难道每天上学，你也跟着坐在教室里看着他吗？"

听到老师的这番话，妈妈就感到头痛欲裂，不是因为老师说的话感到头疼，而是因为张杰总是不认真听讲，她真的骂也骂过了、打也打过了，但总是收效甚微，难道真的要像老师说的那样，搬着板凳坐到张杰旁边看着他吗？且不说她还要工作，就算是她真的辞掉工作，也要照顾到张杰的颜面和感受啊！

通常情况下，青春期的孩子不愿意认真听讲大概分为以下三种情况。第一种情况：孩子自己不听讲，而且还扰乱课堂秩序。毫无疑问，张杰就属于这种情况，所以老师在无奈之余才会频繁地叫他妈妈到学校沟通。第二种情况：孩子自己不听讲，但是不会影响别人，而是自己干一些其他的事情。第三种情况：孩子不认真听讲，而且会和身边的人小声讲话。当然，青春期孩子不管出于哪种原因不愿意认真听讲，都会严重影响自身的学习。从心理学角度来说，人的任何行为都有相应的心理动机，而青春期孩子不愿意认真听讲，就是因为叛逆心理导致的。

在第一种情况下，孩子叛逆的心理状态很强烈，也非常严重，所以他们不但自己逃避听讲，而且会以故意扰乱课堂秩序的方式故意与老师作对。在这种情况下，不管是老师还是父母，都要注重做好孩子的思想工作，减轻孩子的叛逆心理，才有助于解决孩子故意捣乱的行为。在第二种和第三种情况下，孩子则有可能是因为听不懂老师课堂上所讲的内容，所以才会走神、心神涣散，无法集中注意力听讲。

孩子出现故意在课堂上捣乱、不认真听讲还扰乱课堂秩序的情况，一定不是随机发生的，而是与日常生活有密切联系。要想有效缓解这种情况的发生，父母在教育孩子的时候，就一定要注意方式方法。

首先，父母不要总是强调孩子的学习，导致孩子在学习上承受过大的压力，因而产生叛逆心理。还有些父母因为"望子成龙"心切，每当孩子学习达不到他们的预期时，他们就会否定和批评孩子，甚至给孩子贴上各种负面的标签。殊不知，这样非但不能激励孩子努力学习，反而会导致孩子在学习方面表现出更加糟糕的行为，也会激发起孩子强烈的逆反心理和对抗情绪。所以，明智的父母会想方设法以恰当的方式认可和赞赏孩子，也激励孩子持续努力和进步，而不会总是否定和批评孩子。

其次，父母要与孩子进行深入的沟通。很多时候，孩子之所以不愿意认真听讲，很有可能是老师讲课的方式他们无法接受或者是他们压根就不喜欢上课的老师，因此也就对老师的授课行为表现出反感、对抗等情绪。细心的父母会发现：当孩子喜欢某一门课程的任课老师时，他们对于这门课程也就会更加喜欢。为此，让孩子喜欢上课的老师是帮助孩子提升听课效率的方法之一。当然，要想让孩子与老师相互喜欢，这需要父母与老师深入沟通，并且也需要做好老师的工作。因为只有在老师的配合下，孩子才会渐渐地喜欢上老师，也会在课堂上与老师有更加积极有效的互动。

这里尤其需要注意的是，当孩子与老师之间发生冲突的时候，父母一定不要一味地否定孩子，或者强求孩子必须接纳老师的教育方法和方式。实际上，老师尽管承担着教育者的角色，但也会因为各种各样的原因而在教育方式上有所欠缺。在这种情况下，父母要做好孩子与老师之间的协调者，真正以倾听者的身份了解孩子的所思所想，也把孩子的问题与老师进行深入地沟通。这样一来，老师才能知道孩子作为独立个体的情况，也可以更加有的放矢地采取合理的教育方式和方法对待孩子。总而言之，孩子虽然在学校里接受系统的学习，但是父母一定不要把教育的效果完全寄托在老师身上，而是要和老师互相配合。一则通过老师来深入了解孩子在学校里的学习和表现；二则也以沟通的方式把孩子的各种情况反馈给老师。只有父母与老师配合好，才能卓有成效地缓解孩子在课堂上捣乱的情况，循序渐进地引导孩子爱上学习。

抽烟喝酒很酷

有一天傍晚放学回家，徐岩往常总是要吃些东西拖延一会儿才去写作业，这次不同，他打开家门换了鞋子，就赶紧低着头朝自己的房间里走去。妈妈看到徐岩这样的表现，凭直觉认为徐岩一定是有什么事情想要隐瞒，因而叫住徐岩："站住，你怎么了？"徐岩把声音压抑在嗓子里，支支吾吾地说："没怎么，我要去写作业，作业很多。"妈妈听到徐岩压低的声音更感到纳闷了："没怎么是怎么了？"说着，妈妈走到徐岩身边，出乎预料的是，徐岩居然退后了一步。

妈妈敏感地意识到问题，盯着徐岩的嘴巴说："把嘴巴张开我看看，是不是长疮了？"徐岩不耐烦地朝房间里走，说："你真是多疑啊！"正是这句话，妈妈闻到了徐岩嘴里的烟味。妈妈生气地吼道："你抽烟了吗？"徐岩发现事情败露，只好对妈妈点点头，说："我就尝了一口。"妈妈说："尝了一口？"徐岩心虚地解释："是的，就尝了一口，我们班级里其他男孩抽烟。"妈妈质问："如果别人去死，你也跟着去死吗？我告诉你，抽烟有百害而无一利，你不要跟着别人学。就算全世界的男人都抽烟，妈妈也不允许你抽烟！"原来，徐岩的姥爷就是因为抽烟患上肺癌，在几个月前去世了，所以妈妈对于抽烟简直深恶痛绝。徐岩当然知道这件事情，因此在妈妈面前低着头不敢说话。

后来，妈妈恢复平静，才语重心长地劝说徐岩不要抽烟，连碰也不要碰香烟。妈妈还说起姥爷去世的情形，并且找出很多抽烟的人的肺部图片给徐岩看。徐岩看得触目惊心，这才向妈妈保证以后再也不因为好奇而抽烟。

青春期男孩的从众心理很强，尤其是同龄人对他们的影响非常大。为此，当同龄人做出特定的行为时，为了得到同龄人的认可，融入同龄人的群体之中，青春期男孩明知道有些行为是不正确的，也会去做。所以，当发现孩子有异常行为时，父母一定要从孩子的身边着手，看一看孩子都有些什么样的朋友。虽然父母不能干涉孩子交朋友的权利，但是可以监督孩子结交好的朋友，从朋友身上受到积极的影响。

除了受到同龄人的影响之外，青春期孩子之所以开始抽烟喝酒，也有可能是因为强烈的好奇心。他们看到成年人抽烟喝酒，尤其是在家里，当有成年男性或者女性抽烟喝酒的情况下，对于孩子的影响是很糟糕的。此外，有些孩子觉得抽烟喝酒很酷，迫不及待地想要自己变得酷起来，因而也会选择抽烟喝酒。

总而言之，青春期男孩心理发展还不够成熟，对于自己的言行举止也缺乏自控力。因而，作为父母，一定要更加积极主动地引导孩子，给孩子树立正面的榜样作用，也帮助孩子维持良好的行为习惯。对于已经沾染上恶习的孩子，父母一定不要不分青红皂白就训斥和打骂孩子，而是先要理性地分析孩子出现这种行为的原因，从而有的放矢地从心理上做通孩子的思想工作，也让孩子主动地约束自己、管教自己、规范自身的言行。

具体而言，要想帮助孩子戒掉抽烟的恶习，首先，要让孩子认识到抽烟对于身体的严重危害。其次，要让孩子形成正确的人生观、价值观，改变孩子觉得抽烟很酷的错误认识，而且要让孩子认识到真正的强大表现在身心发展上，而不在于盲从他人的抽烟行为。再次，要为孩子营造良好的家庭环境和成长氛围。身边的人对于孩子的影响最大，其中既包括父母也包括同龄人，唯有积极地切断对孩子产生消极影响的因素，才有助于孩子形成更强大的自控力，也彻底戒掉抽烟的恶习。最后，要让孩子做更多积极的、有意义的事情，让孩子能够主动学习。在孩子学习之余，父母也可以组织一些有意义的家庭活动，多多用心陪伴孩子成长，这样都能成功转移孩子的注意力,从而让孩子忘记抽烟、戒掉抽烟的恶习。

需要注意的是,青春期孩子的逆反心理很强,为了避免孩子变得更加叛逆,故意与父母对着干,父母在发现孩子抽烟的时候,一定要控制好情绪,从而采取合适的教育方式引导孩子。当然,当孩子进入青春期,还没有沾染抽烟恶习之前,父母也可以以未雨绸缪的教育方式提醒孩子远离香烟,这对于孩子的健康成长是很有好处的。这就像是给孩子打预防针,可以防患于未然,远比孩子已经沾染抽烟恶习再去展开教育效果更好。总而言之,青春期的孩子正处于"状况百出"的人生阶段,父母一定要密切关注孩子,这样才能给予孩子的成长更大的助力。

不要被网圈住

在整个高一阶段,刘晗在学习方面的表现都很好,虽然住在学校里,但是他一直都能认真听讲、主动完成作业,为此得到了老师们的一致好评。刘晗的成绩也很稳定,在班级里始终处于中上等水平。为此,爸爸妈妈也很放心刘晗住校。

转眼之间,高一生活结束,刘晗顺利升入高二。一天晚上,爸爸突然接到老师的电话。看到电话屏幕上是老师的名字,爸爸不由得感到很紧张:难道刘晗在学校里出状况了吗?接通电话,爸爸听到老师的一番话,不由得感到震惊。原来,刘晗最近成绩下滑得很严重,而有一天早晨,老师到学校比较早,看到刘晗居然一个人坐在教室里,而且哈欠连天。当时,刘晗告诉老师他失眠了,起得早。但是后来老师又有一天遇到刘晗早早地坐在教室里,这才起了疑心。通过向其他同学了解情况,老师得知刘晗经常通宵上网。为此,老师赶紧给爸爸打电话反馈这个情况,因为这样下去,刘晗的学习会在很短的时间内一落千丈。爸爸气愤不已，当即和妈妈赶到学校。老师把刘晗也叫到办公室，爸爸盛怒之下，居然冲上去给了刘晗一记响亮的耳光。刘晗捂住脸，却不敢哭。此后的日子里，爸爸妈妈针对刘晗上网成瘾的事情，与刘晗之间展开了好几次博弈，但是刘晗网瘾很重，住校老师又不可能每天晚上看着刘晗，无奈之下，爸爸妈妈只好和学校申请特批刘晗走读。

在得到学校批准后，爸爸妈妈每天轮流接送刘晗，和学校里的作息时间实现无缝对接。为了防止刘晗用手机上网，爸爸还没收了刘晗的手机。但是有一天，爸爸放学之后怎么也找不到刘晗，找了好几个小时后，才在一家网吧里找到了玩红了眼睛的刘晗。无奈之余，爸爸妈妈想把刘晗送到戒除网瘾的学校，却被老师劝阻了。老师说："父母是孩子的监护人，送到戒除网瘾的学校，可能威胁到孩子的人身安全，而且父母就像放弃了对孩子的管教一样，是不负责任的。我建议你们可以留出固定的时间给刘晗上网，但是前提条件是他必须保证完成学习任务，以这样君子约定方式再去尝试一下吧！"爸爸妈妈采纳了老师的建议，也调整了管教刘晗的方式，并且给予了刘晗极大的爱心与耐心。渐渐地，刘晗回归到学习和生活的正轨上。

最近这几年，随着青少年沉迷于网络的情况越来越严重，很多父母对孩子网瘾泛滥成灾的情况实属无奈，决定把青少年送入戒除网瘾学校。然而，戒除网瘾的学校究竟采取何种方式帮助孩子戒掉网瘾呢？这一点，父母根本无从知道。所以，事例中老师对于父母的劝说是正确的。试问，如果父母作为孩子的监护人，也作为最爱孩子的人，都无法让孩子迷途知返，那么作为戒掉网瘾的学校对孩子全然陌生的老师，又如何帮助孩子呢？

任何时候，父母都不应该放弃对于孩子的管教，而是要给予孩子极大的爱心和耐心，也要更多地陪伴和引导孩子。实际上，有相当一部分青少年之所以沉迷于网络，就是因为日常生活中和父母的互动很少，也没有得到父母的关心和照顾，为此他们内心空虚。这一点，从农村的"留守孩子"相较于在父母身边长大的孩子而言，有更多的"留守孩子"陷入网络之中无法自拔，可以得到证实。在若干年前，重庆曾经发生了一起离奇的命案，死亡的男孩穿着红色的衣服，以非常怪异的方式把自己吊死在自家的房梁上，而在此之前男孩除了喜欢玩网络游戏之外，没有任何异常。男孩的父母都在外地做生意，男孩平日里住在学校，到了周末就自己回家。一开始，破案人员以为是他杀，后来有人提出这个男孩穿着的衣服很怪异，和游戏上的服装很像，而且死法也和游戏上的方式类似。想必男孩只是对于游戏上的某一种玩法感到好奇，就尝试了这样的危险游戏，却没想到最终葬送了自己的性命。不得不说，网络游戏真的害人不浅。

前几年，网络上报道了一起连环杀人案，杀人犯也是几个沉迷于网络游戏的青少年。在被害者中，还有大腹便便的孕妇，而杀人手段的残忍程度简直令人发指。不得不说，青少年沉迷于网络的危害除了影响学习之外，还有更加严重的后果。尤其是那些充斥着暴力和血腥的游戏，给心理发育不成熟、缺乏父母引导的青少年带来了极其恶劣的影响。作为父母，要想让孩子适度上网、适度游戏、健康成长，就一定不要缺席孩子的成长，要当好孩子监护人的角色。在孩子上网的时候，父母要知道孩子在浏览怎样的网页，也要知道孩子在玩哪一款游戏，这样才能与孩子进行沟通和交流，也能及时地对孩子展开引导。

此外，很多父母谈"网"色变，也坚持禁止孩子上网。实际上，如今整个社会生活中网络无处不在，因此禁止孩子上网根本不现实，还很有可能激发起孩子强烈的好奇心和逆反心理，导致孩子更加不择手段地去上网。正确的做法是为孩子订立规矩，告诉孩子在特定的时间段里可以光明正大地上网，而在其他时间里必须专心致志地学习。这样一来，孩子既得到了上网的机会，熟悉和了解网络，消除内心对于网络的强烈好奇和欲望，也可以在此过程中形成自制力，养成适度上网的好习惯。此外，在家庭生活中，一定不要在孩子的房间里提供上网的条件，而是应该把诸如电脑等上网的设备放在公共区域内。归根结底,孩子的自控力是有限的,他们需要接受外界的监督,才能更好地控制和管理自己。

网络的确给人们的生活带来了很大的便利,作为父母,要引导孩子学会正确使用网络,也利用网络来给自己的生活带来更大的便利。只要孩子能够正确使用网络,就可以利用网络学习一些知识,开阔眼界,这远远比绝对禁止孩子上网来得更好。其实,每一件事情都有两面性,发挥网络的积极作用,让孩子学会适度上网,才是引导和管教孩子的重点,也是帮助孩子避免产生网瘾的有效方法。

青少年为何爱追星

众多"帅、酷、有型"的偶像派明星一度成为青少年崇拜的偶像。有的时候,青少年迷恋明星到了近乎疯狂的程度!曾经传闻一些青少年迷恋上了"跑男"里面的人气明星,并且发展到了竟然要去香港和这些明星见面,疯狂到忘记一切的程度!这让我不由得想起发生在2007年的一起因为一个女孩盲目追星而导致的家庭悲剧。

作为香港"四大天王"之一的刘德华的确是非常英俊帅气的,而且又因为是歌坛和影视圈里的双栖明星,所以更是得到了很多歌迷的喜爱。在甘肃,有一名叫杨丽娟的女孩,16岁的时候听过刘德华唱歌,从此就不可救药地喜欢上了刘德华。此后,她更是辍学疯狂追求刘德华。

杨丽娟是家里的独生女,从小就被父母宠爱。看到杨丽娟迷恋刘德华,父母也是非常痛苦的。在劝说杨丽娟无果的情况下,他们只好想方设法地支持杨丽娟。为了给杨丽娟筹钱去香港见刘德华,父母卖房卖肾,总而言之,能想到的方法都想了。最终,在杨丽娟到了香港却没有如愿以偿和刘德华说话的情况下，老父亲感到绝望之际，在香港跳海身亡。这件事情在当时引起了极大的轰动和反响，刘德华原本很无辜，也为此承受了巨大的压力，身心濒临崩溃。为了避免这样的恶性事件再次发生，他不得不选择隐婚，直到前几年才爆出和妻子朱丽倩已经生育了一个女儿。不得不说，作为明星也真的很不容易，就连大胆去爱的权利都没有。而作为明星的妻子、天王嫂——朱丽倩也极度隐忍，就连像普通女性一样拥有盛大婚礼的机会都没有。

那么，青少年为何爱追星呢？实际上，这与青少年对于明星的崇拜是分不开的。青少年正处于人生之中特殊的成长阶段，为此，他们很希望有一个偶像可以作为自己的榜样。恰好在这个阶段，青少年对于父母的崇拜已经褪去，而在他们心目中，往往将明星想象得非常高大。尤其是当明星身上有特别能够打动他们的气质或精神时，他们就会对明星更加迷恋。那么，当发现青少年追星的时候，父母一定不要盲目禁止。因为青少年正值人生中最大的叛逆期，父母的禁止非但不能让青少年悬崖勒马、减少对于明星的盲目崇拜，反而会让青少年的追星行为变本加厉。

实际上，对于青少年的追星行为，父母要怀着坦然之心面对。只要追星行为不那么盲目和疯狂，父母只需要对青少年加以引导即可。明星也是人，也有自己的优点和缺点，也可以对于青少年起到积极的作用。例如，刘德华在最初出道的时候，唱歌被歌迷轰下台，去尝试着作词又被前辈全盘否定。但是他没有放弃努力，而是继续刻苦训练，在成长的道路上不忘初心、砥砺前行，最终获得成功，成为大名鼎鼎的"四大天王"之一。还有，如今的很多青少年都喜欢当红小生，父母也可以和孩子一起挖掘偶像身上的优点和闪光点，这可以帮助孩子从偶像身上汲取积极的力量。

此外，有的孩子之所以喜欢追星是为了从众。例如，在班级里，有很多孩子都喜欢追星，那么当他们在一起交流的时候，就会说起自己喜欢的明星或者说起共同喜欢的明星。如果孩子没有崇拜的偶像，就会遭到小团体的排斥，所以也就跟风追星，让自己与同学们之间有更多的共同语言。

从心理学的角度而言，每个人都需要为自己树立一个榜样，尤其是青少年正处于对人生非常迷惘的时期，就更要为自己树立榜样，让自己找到努力的目标和奋斗的方向。

在孩子追求的明星是正面公众人物的情况下，父母对孩子只需要引导。但是，如果孩子追求的明星具有负面的形象，无法对孩子的成长起到积极的引导和激励作用，那么父母就要帮助孩子形成正确的审美观，努力提升孩子的审美品位。只有这样，孩子才会喜欢正确的人，得到正确的力量。作为父母，不妨想想自己年轻的时候是否也对某个公众人物特别地欣赏和偏爱呢？只有真正地理解孩子，才能以适宜的方式引导孩子，也才能把教育孩子的话说到孩子的心里去——这是最重要的。当然，当发现孩子追星非常狂热的时候，父母一定要加大引导的力度，也要让孩子把更多的注意力投入到现实生活中，这样对于孩子的成长才更有意义。还可以引导孩子经常和优秀的同龄人一起玩耍，感受到现实生活的无限趣味，从而避免孩子过度追星和疯狂追星。所谓凡事皆有度，过犹不及，帮助孩子把握好追星的度，使其对孩子的成长起到正向、积极的引导作用，这对孩子的健康成长非常重要。

真的要瘦成林黛玉弱柳扶风的样子吗

雅菲从小就活泼好动，为此妈妈送她去学拉丁舞。转眼之间，雅菲学习拉丁舞已经8年了，她也从幼儿园大班的"小豆包"，成长为一名初中一年级的新生。在小学阶段，雅菲还不觉得自己胖。相反，因为练习拉丁舞，所以她的身材在班级女生里还算是苗条匀称的。当然，小学生也很少关心身材。但自从到了初中之后，雅菲发现身边的女生都在减肥。

这不，中午在食堂里打饭，雅菲大大方方地要四两米饭，旁边一个女生马上惊呼起来："My god！你居然吃四两米饭！"雅菲不以为然："吃得太少，饿得很快啊！"女生说："三两就已经很多了好吧，我们都是吃二两的。"雅菲有些难为情，后来吃饭的时候躲藏到角落里，也没有把饭吃完。到了下午4点钟，雅菲就觉得肚子咕咕直叫，她不由得抱怨自己："你可真是没出息，打了四两米饭，吃了三两米饭，怎么这么快就饿了呢！人家只吃二两米饭，都是怎么活的！"为此，雅菲强忍着饥饿，但是一节课都没有上好。后来，雅菲也只吃二两米饭，有的时候要在放学后去练舞，她就饿得"前心贴后背"，有一次练舞的时候险些摔倒在地上。后来，医生诊断雅菲有些营养不良和低血糖。妈妈询问雅菲在学校里吃饭的情况，雅菲说："我吃二两米饭和菜！"妈妈很惊讶："吃二两怎么够呢！你正在青春期长身体的时候，要学习，还要练舞消耗体力，至少要吃三四两才够。"雅菲和妈妈说起班级里其他的女生才吃二两米饭，妈妈说："闺女啊，都和林黛玉一样才是美吗？你学习的是拉丁舞，运动量是很大的，不摄入足够的营养会影响身体发育。你看看，你从小就匀称苗条、身体健康，多好！"在妈妈的开导下，雅菲决定恢复饮食，果然一段时间之后，她觉得自己的精力好多了，面色也恢复了之前的红润。

记得很久以前看过一部西方电影，在电影里，有个女孩因为害怕长胖，就用催吐的方法让自己把吃进去的东西吐出来，从而争取变得更瘦。日久天长，这个女孩患上了严重的心理疾病，特别想吃东西，但是吃了之后产生负罪感，因而再想办法催吐。因为害怕家人发现，她就吐在罐子里，藏在衣柜里。后来，家人因为屋子里有异味，才发现了她藏起来的呕吐物。不得不说，当女孩形成错误的审美观念，甚至纯粹以瘦为美，那么即使对于原本苗条匀称的身材，也会感到非常不满。

尤其是青春期女孩，正处于对于美的执着追求之中，却还没有形成正确的审美观念，为此很容易盲目节食和减肥，从而导致自己的身体和心理都面临紊乱的状态。就像事例中的雅菲，因为她才节食没多久就出现眩晕症状，被妈妈发现，所以才避免了产生更加严重的后果。作为父母，一定要帮助女孩形成正确的审美观念，让女孩知道真正的美丽并非纯粹取决于外表，更多地来自健康的身体和美好的心灵。当然，女孩适度关注外表是没有错的，毕竟赏心悦目是每个女孩对于美丽的极致追求。但是，凡事皆有度，过犹不及，当女孩把美丽与外表画上等号，她在现实生活中就会非常被动，也会常常因为外在的一切而感到苦恼。

为了避免女孩盲目减肥，父母还要引导女孩形成合理饮食的好习惯，不要让女孩盲目地节食减肥。青春期孩子的身体处于快速成长的状态中，需要大量的营养素为身体提供营养。一旦盲目减肥，就会导致营养素失衡，也会影响身体的健康发展，甚至还会导致严重的健康问题。为此，父母在女孩小时候，就要有意识地帮助她养成均衡饮食的好习惯，这样才能通过合理饮食摄取足够的营养，同时避免身体堆积太多的养分，导致脂肪囤积。此外，女孩还要养成运动的好习惯，这样才能让身体消耗多余的营养，从而保持身体健康、体态匀称。运动不但有助于女孩减肥，还可以帮助女孩保持身体的活力与健康，可谓一举数得。

现代社会，生存的压力越来越大，工作的节奏越来越快，每一个人都要深刻意识到健康的身体是生命中最重要的，从而有的放矢地生活和工作，在保证身体健康的情况下追求更高的生活品质。作为父母，不管是为了自己，还是为了孩子，都要坚持合理健康的饮食，有规律地作息和生活，这样才能让整个家庭都有良好的氛围，也才能让孩子的成长更加有效率、更加快乐和幸福。

青春期男孩为何爱撒谎

乐乐有一天放学回家，在路上爸爸在开车，妈妈坐在副驾座位上，乐乐坐在后排座位。妈妈突然间想起央视前著名主持人李咏去世的消息，因而和乐乐说起此事："乐乐，今天娱乐圈里发生了一件大事，有一个特别著名的主持人因病去世了。"乐乐马上说："我知道，我知道，不就是那个《非常6+1》的主持人嘛！"妈妈很惊讶，因为李咏去世的消息是当天上午哈文才公布在微博上的，当时乐乐已经去学校了，而在学校里是不允许看手机的。为此，妈妈疑惑地问："你放学路上看手机浏览网页了吗？"乐乐迟疑了一下，正在思考如何回答，爸爸催促道："不要想，想就意味着你在撒谎。说实话！"

即使在爸爸的提醒下，乐乐还是开始编造谎话："我是在学校里听同学说的。"妈妈此时已经明白是怎么回事了，继续追问乐乐："听同学说的，哪个同学，什么时候说的？"乐乐支支吾吾："好几个同学都说了。"妈妈暗暗想到：聪明，说好几个同学都说了这件事情，这样妈妈就没法去找同学求证了，是吧！真是做贼心虚啊！妈妈继续追问："你的同学什么时候说的？"乐乐说："他们这几天都在说。"妈妈再也忍不住，训斥乐乐："不错啊，撒谎都不脸红哈！我告诉你，李咏去世的消息是他的妻子哈文今天上午9点钟左右才在微博上公布的。你的意思是，你们班的同学上午在学校里还在浏览网页新闻？我倒是想知道谁有这么大的胆子！"乐乐听到妈妈的话，终于闭上嘴巴不再撒谎。接下来，妈妈劈头盖脸地批评乐乐，乐乐自知理亏，没有反驳，更没有和往常一样对妈妈的批评表示生气。

最后，乐乐承认自己是在放学乘坐公交车去爸爸单位找爸爸的时候，看了手机网页。但是，他撒谎已经成为事实。爸爸语重心长地对乐乐说："你放学路上浏览下新闻原本没有什么错，但是你撒谎，这个问题就很严重了。我和妈妈早就告诉过你不要撒谎，否则一旦失去别人的信任，再想赢得别人的信任就会很难，你从来就没听是吧？"乐乐摇摇头，说："我是害怕你们批评我才撒谎的。"爸爸说："你可真聪明，用一个更严重的错误来掩饰前一个错误，结果两错并犯，没收手机。"

乐乐到底为什么要撒谎呢？有一点是肯定的，即如果他可以光明正大地在父母面前看手机，他就不会在背后偷偷地看，看完之后还故意撒谎掩饰。从这个角度而言，如果父母对于孩子的管教过于严格或者常常习惯于不分青红皂白就批评和训斥孩子，那么渐渐地，孩子就会向父母关闭心扉，再也不愿意向父母吐露心声。而在父母询问或者追问的情况下，孩子难以避免要以撒谎的方式自圆其说，也常常因为撒谎的时候漏洞百出而让自己陷入更加尴尬的境地。

很多父母都无法容忍孩子撒谎，觉得孩子撒谎一定是因为道德低下导致的。实际上，进入青春期后，孩子的心思越来越细腻，渐渐有了自己的小心思，为此他们并不想把每件事情都全盘告诉父母，撒谎也就应运而生了。不可否认，诚实是人立足于世的根本，每个人，不管是成年人还是未成年人，都要杜绝撒谎的恶劣行为，这样才能更加真诚地面对自己和他人，以诚意处理好很多事情。为此在发现孩子撒谎之后，父母首先要弄清楚孩子撒谎的原因。如果孩子的确是迫于父母的压力而撒谎以掩饰真相，那么父母就要给孩子更加宽松自由的成长环境，这样才能帮助孩子形成真诚的可贵品质，也能够以真诚对待身边的每一个人。

要想让孩子彻底戒掉撒谎的恶习，父母也要为孩子树立积极正面的榜样。有心理学家经过研究证实，每个人都会撒谎，有的人撒谎成性，每句话都带着谎言的成分。然而，即便如此，父母也要给孩子树立诚实的榜样，切勿在无意识的状态下当着孩子的面撒谎，导致孩子在成长过程中受到影响。要知道，对于孩子而言，父母言传身教的作用是非常强大的，尤其是身教，更是会潜移默化影响孩子。因此要想教育出诚实的孩子，父母就要以身作则，给孩子树立好的榜样，也帮助孩子切实体会诚实的品质所具有的力量。有人说："什么样子的家庭就会走出什么样子的孩子。"这句话尽管有些极端，却不无道理。正如人们常说的，父母是孩子的第一任老师，孩子是父母的镜子。任何时候，父母与孩子之间都是相互促进和成长的。尤其是父母作为亲子关系的主导，更要有的放矢地给予孩子积极有效的引导和帮助。

青少年为何对父母嗤之以鼻

有一天，赵刚正在专心致志地复习功课，妈妈突然推门进来。这个时候，赵刚正拿着手机查一个英语单词的意思呢，看到妈妈进入房间，他马上开始快速返回此前浏览的网页。妈妈觉得很奇怪，质问赵刚："你在干什么？又在看手机吗？"赵刚矢口否认："我在查一个单词。"妈妈又问："你在查单词，为何看到我进来之后这么紧张？"赵刚突然火了，反问妈妈："你又在怀疑我吗？"妈妈说："你值得别人信任吗，配得上别人信任吗？"赵刚生气地把手机放在桌子上，以不屑一顾的态度对妈妈说："既然怀疑我，就把手机拿走，我还懒得用呢！"看到赵刚的态度，妈妈很生气，猛地一巴掌打在赵刚的胳膊上。赵刚冷笑一下，对妈妈说："你除了会骂人打人，还会干什么？"妈妈听后哑口无言，默默地离开了赵刚的房间。

很多青少年在青春期都会快速成长，内心也会从幼稚渐渐变得成熟。在这个阶段，孩子正是半大不小的时候，他们说懂事也懂事，说不懂事的确对于很多事情还不太懂。为此，父母在和孩子相处的时候，也要特别注意，既不要觉得孩子什么都懂得，也不要认为孩子根本不懂得任何事情。对于青少年这样半大的孩子，父母一定要慎重对待他们，理性与他们相处，给予他们真正的尊重和平等对待，以进一步得到他们的信任。

就像上述事例中，赵刚因为被妈妈误解，还被妈妈怀疑，所以才会对妈妈表现出不屑一顾的态度。作为父母，一定要选择相信孩子，这样孩子才会坚定不移地去做该做的事情。否则，父母的怀疑会让孩子备受打击，也会让孩子对自己产生质疑。固然每一个父母都希望孩子听话懂事，但实际上随着孩子渐渐长大，孩子的自我意识和独立性越来越强，为此他们根本不愿意像小时候那样继续被父母安排和命令，而更愿意坚持自己的想法和主见，做自己真正想做的事情。

作为父母，当被孩子质疑和轻视的时候，内心一定觉得很无力和无奈。实际上，人与人之间的很多事情都是相互的。父母一定要更加尊重和理解孩子，才能得到孩子的坦诚相待。尤其需要注意的是，当与孩子发生意见分歧的时候，父母一定要避免先入为主地揣测孩子，更不要对孩子下定论，而是应该真诚地征求孩子的意见和看法，给予孩子更大的自由空间去做出选择和决定。当然，对于自己的决定，孩子是需要独自承担责任的。也许孩子一开始做得不是很好，但是随着次数的增多，孩子就会得到锻炼，因而独立的能力也会越来越强。相反，那些总是对孩子全盘包办的父母，则很容易给孩子带来压抑的感觉。长此以往，也会导致孩子的依赖性不断增强。可想而知，一个"妈宝"是不可能有充实、独立且精彩的人生的。作为父母，要想让孩子将来有出息，就要最大限度地放手，给予孩子独立自由的空间去驰骋和翱翔。

此外，在孩子已经表现出明显的不屑一顾、嗤之以鼻的态度时，父母一定要采取合适的方式与孩子沟通，先要设身处地地为孩子着想，考虑到孩子的感受，这样才能了解孩子的所思所想，也能把话说到孩子的心里去。记住，顺畅的沟通是亲子关系的良好基础，也是亲子相处中必不可少的重要一环。父母教育青春期的孩子，一定要真正俯下身去做孩子的知心朋友，只有这样才能有效缓解孩子的逆反心理，也只有这样才能与孩子携手并肩共同成长和进步！

第4章

人生最美的花期也许会"起雾"，请为孩子点亮一盏心灯

  在整个青春期，尤其是在初期青春期，孩子是非常迷惘的。他们面对自己身心的快速发展和变化，也许还没有从心理上调整好自己的角色，就会因此而陷入重重"迷雾"之中。为此，父母要关注孩子的身心发展状态，也要有的放矢地帮助孩子拨开"迷雾"。尤其是当孩子不知道在人生的道路上应该何去何从的时候，父母更要为孩子点亮一盏心灯，给予孩子最佳的引导和帮助。

孤独的孩子伤不起

自从上次误解了赵刚之后，妈妈发现赵刚很少和妈妈说心里话了。这是为什么呢？以前，赵刚有一些烦心事或者高兴的事情，都会主动和妈妈说。然而现在，赵刚常常沉默着，就算妈妈把手机还给他，他也不愿意用。看到赵刚这个样子，妈妈又很担心，觉得自己过于简单粗暴的方式伤害了赵刚敏感的自尊心。如何才能打开赵刚的心结呢？妈妈想了很久，都没有太好的办法。

有一次，赵刚和老师之间发生了争执，妈妈意识到这正是重新赢得赵刚信任的好时机。为此，妈妈并没有像以前一样劈头盖脸地数落赵刚，而是很耐心地询问赵刚事情的原委，也站在客观公正的角度上帮助赵刚分析原因。看到妈妈如此循循善诱，似乎也没打算批评和训斥自己，赵刚这才向妈妈敞开心扉，对妈妈说出实情，也把自己的感受和想法全盘告诉妈妈。得到了妈妈的支持和理性的分析，赵刚终于想清楚矛盾为何发生，也决定采纳妈妈的建议与老师和解。妈妈语重心长地对赵刚说："以后不管有了什么问题，都要第一时间告诉妈妈，这样妈妈才能帮助你，给予你合理的建议。就像这件事情，如果你能早些告诉妈妈，那么情况也许就不会这么糟糕了，对不对？"赵刚点点头。

当孩子沉浸在孤独的状态之中，并且不知道如何打破孤独时，面对一些比较棘手的问题时会做出稚嫩的思考，想要凭着自己解决问题，这当然是很困难的。对于每一个父母而言，在教养孩子的过程中，最大的难题就在于赢得孩子的信任,让孩子在遇到所有问题第一时间就想到向父母求助。遗憾的是,很多父母都不曾得到孩子这样的信任,很多孩子在遇到问题的时候或者是自己扛,或者向和自己同样稚嫩的同龄人求助,结果导致事情处理的结果非常糟糕,甚至事与愿违。

青春期的孩子都很孤独——看到这句话,相信有很多父母都会表示质疑:如今的孩子这么幸福,吃喝不愁,还得到了父母和长辈无微不至的爱与关注,怎么会孤独呢?需要注意的是,孤独和寂寞是完全不同的概念。如今的孩子从不寂寞,是因为他们身边围绕着很多爱他们的人,如父母、爷爷奶奶、姥姥姥爷。此外,他们的交际圈子也比小时候扩大了,因而有了更多的朋友、同学。这些人虽然帮助孩子排遣了寂寞,却无法真正消融孩子内心深处的孤独,这是为什么呢?因为孤独是镌刻在骨子里的,孤独的人哪怕置身于喧嚣的人群之中,也会感受到自己不被理解,因而内心非常孤独。

青春期孩子很容易感受到孤独,是因为大多数父母习惯了对孩子颐指气使,而从来不会真正用心倾听孩子的心声。有的父母,看似是在陪伴孩子,眼睛却始终盯着手机,对于孩子真正的需求置若罔闻。这样一来,他们就不可能打开孩子的心扉,走入孩子的内心。尤其是在青春期,孩子的身心发展速度很快,情绪复杂万变,如果没有人可以倾诉心声,他们就会更加孤独。为此,很多孩子都会选择写日记。虽然日记里没有什么见不得人的秘密,他们还是愿意把日记上锁,只有自己才能在偶尔的时候看一看,回味复杂的心路历程。

有些父母也会抱怨青春期的孩子有什么事情都不愿意和父母说。实际上,这对于父母而言的确是非常糟糕的,因为如果没有顺畅沟通的渠道,父母就无法了解孩子的心,也无法对孩子进行卓有成效的教育。由此可见,父母与孩子之间要想友好相处,就一定要建立良好的沟通渠道。当沟通水到渠成,亲子关系也会得到良好的发展,变得更加友好和温馨。当然,青春期的孩子渴望独立,自主意识很强,为此他们也就不会随随便便敞开心扉。作为父母，一定要对青春期孩子付出足够的爱与耐心，只有给予孩子尊重和平等，才能与孩子建立良好的关系，营造和谐民主的家庭氛围。

嫉妒是孩子心中的毒瘤

最近，班级里有了小偷，老师进行了好几天的调查，却没有发现小偷是谁。那些学习成绩非常优秀的孩子，还是会莫名其妙地丢失课本、作业本、习题册等。这到底是为什么呢？

这天下午，正好有一节体育课。为此老师决定观察教室里的情形，抓到小偷。大半节课过去了，教室里空无一人，也没有人请假不上体育课。老师不免有些泄气，正准备离开的时候，突然听到脚步声。老师躲在教室外面的阳台上，观察着教室里的动静，结果发现学习成绩同样非常优秀的李念走进教室，在观察周围的情况之后，迅速地从班长艾雪的书包里拿出一本书，夹在腋窝下面跑下楼。老师没有声张：也许李念只是经过艾雪同意才来拿一本书看的呢？然而，到了傍晚放学时，艾雪就找到老师说自己的一本书丢了。为此，艾雪不得不买一本新书，然后借用同桌李念的旧书抄笔记。艾雪在一周的时间里，每天都要多付出一个小时的时间抄写课堂笔记，这无疑是个浩大的工程。

老师百思不得其解：李念为何要这么做呢？李念的学习成绩也很不错，没有必要这样恨学习好的同学吧！然而，在月考之后，李念骄傲地去讲台上领取奖品时，老师知道了答案。这次，原本一直屈居于艾雪的名次之下的李念，考取了非常好的成绩，居然比艾雪还高了两个名次。老师知道，是嫉妒让李念做出了这样失去理智的极端行为。

青春期的孩子很容易心生嫉妒，是因为他们能切身感受到学习上的巨大压力，也更能清楚地意识到竞争的激烈和残酷。尤其是在学习的过程中，当老师给孩子们排出考试的名次时，他们常常情不自禁地与他人进行比较。在比较的过程中，他们还很少和那些相差悬殊的同学比较，而是会与那些和自己实力相当的同学进行比较。除了比较学习成绩之外，男孩还会与同学比身高，女孩也会与同学比谁更漂亮、谁的皮肤更白。由于孩子在青春期自我认知的能力发展还不足，为此在这样错误比较的过程中，他们常常会觉得颓废、沮丧，因此而感到自卑；也有些孩子会盲目骄傲自大，变得得意洋洋。而最糟糕的是嫉妒心理的产生。

从人性的角度而言，嫉妒是人的本能，不仅孩子会嫉妒，很多成年人也会陷入嫉妒的怪圈之中无法自拔。实际上，"金无足赤，人无完人。"每个人都有自己的长处和优势，也会有自己的劣势和不足。最重要的是，不要拿着自己的缺点与别人的优点比较，也不要拿着自己的短处和别人的长处比较。真正合理的比较不应该是横向的，而应该是纵向的，也就是比较自己的今天比起昨天有多大的进步，从而证明自己的确是非常努力的。这样一来，才能找到信心、再接再厉、勇往直前。

为了缓解孩子嫉妒的负面情绪，父母还应该更多地认可和赞赏孩子。很多父母习惯于批评和否定孩子，而对于孩子的成长和进步视而不见。这样做对孩子的成长而言是非常糟糕的。常言道，"好孩子都是夸出来的。"尤其是父母的夸赞，会让孩子得到更大的信心，也有助于孩子激发自身的潜能，在人生的道路上砥砺前行。此外，父母还要培养孩子形成正确的竞争意识，还可以引导孩子多多向优秀者学习，与优秀者精诚合作。这样一来，孩子才能告别嫉妒，也才能学会团结更多的力量来促进自身的成长，提升自身的能力。

孩子，去寻找你的勇气

最近，区里正在举行书法比赛，妈妈得到消息之后，让可可也报名参加。然而，可可却不愿意参加。妈妈不明就里，问："可可，你为何不愿意参加比赛呢？这几年来，你一直在练习书法，而且也获得了六级证书啊！"乐乐说："我写得不够好，与其得不到奖招人笑话，还不如索性不参加呢！"对于可可的话，妈妈完全不认可："你怎么可能得不到奖呢！你写得很好。""但是"，可可迟疑地说，"你一直都说我写得不好啊！"妈妈笑着对可可解释："妈妈说你写得不好，是为了激励你不要骄傲，继续努力！你其实写得非常好，是全家人中写字最好的。"可可对于妈妈的话半信半疑，看着可可犹豫的样子，妈妈只好请书法老师来给可可做思想工作。

书法老师费了很大的力气才激发起可可的信心，让可可同意报名参加比赛。然而，在比赛过程中，可可因为紧张而发挥失常，并没有取得预期的名次。这下，妈妈不敢继续否定可可了，而是鼓励可可："可可，你做得很不错，相信下次不紧张，一定会表现得更好。"

很多孩子没有勇气，这是为什么呢？按理来说，青春期的孩子正处于不知天高地厚的年纪，为何就会失去勇气，对于很多有能力做的事情却不敢去做呢？其中很大的一个原因就是，父母平日里对孩子认可很少，总是批评和否定孩子。试想，如果孩子从小就在父母的批评和否定中成长，而他们又非常信赖父母，那么怎么可能有信心呢？所以，作为父母一定不要随意否定孩子，要意识到父母的话在孩子的心中有沉甸甸的分量，也能够对孩子产生积极的影响力和推动力。

有些父母剑走偏锋，认为只有批评孩子才能激发起孩子的勇气，让孩子越挫越勇，因为叛逆而争取有好的表现。实际上，这些父母的理解是不正确的，因为对于大多数孩子而言，他们都会采取正面的态度理解父母的话，甚至有些孩子还会把父母对他们的评价直接作为自我评价。

在日常生活中，很多父母都不会顾忌孩子的感受，喜欢当着别人的面数落孩子的不是。殊不知，这不但不利于孩子建立自信，而且会导致孩子形成错误的自我认知，最终变得自暴自弃、"破罐子破摔"。具体而言，父母要想帮助青春期孩子找回自信和勇气，就要做到以下几点。

首先，父母要多多认可和肯定孩子。很多父母抱怨孩子不知道父母的良苦用心，殊不知，大多数父母也不知道他们在孩子心目中占据着多么重要的地位。

其次，在批评孩子的时候一定要就事论事，避免给孩子贴标签。相当一部分父母喜欢给孩子贴标签，例如，孩子背诵课文没有背下来，他们就说孩子从小记性就不好，殊不知当孩子听到这样的话，马上就会认为自己反正记性不好，也就没有必要努力去记住很多东西。

最后，父母还要善于发掘孩子身上的优点。每个孩子都有自己的闪光点，父母要做的不是埋没孩子，而是带着善于发现闪光点的眼睛欣赏孩子。这样一来，孩子才会拥有信心，也才能找回勇气。哪怕孩子的优点的确很小，父母也不要觉得不值一提，因为父母哪怕漫不经心的一句评价，也会帮助孩子树立信心，获得勇气。总而言之，真正合格且优秀的父母，会怀着欣喜的心对待孩子，也会全力以赴地激发孩子的信心和勇气，让孩子在人生的广阔天空中展翅翱翔。

不攀比，不焦躁

杨子正在读初一，原本，她说上了初中就不需要爸爸接送了，自己独自坐公交车回家就好。但是爸爸考虑到杨子换乘公交车还需要时间，为此依然骑着电动车接送杨子。对此，杨子总是拒绝，爸爸觉得杨子是懂事，心疼自己，也就没有放在心上，一如既往地接送杨子。

有一天，放学铃声响了，杨子走出校门看到爸爸骑着破旧的电动车正在门口眼巴巴地看着校园里面呢，生气地避开爸爸的视线，独自回家了。爸爸左等右等不见杨子出来，赶紧去教室里找，又打电话问老师，都不知道杨子去了哪里。爸爸担心不已，第一时间打电话通知妈妈去家里查看情况，自己则沿着杨子放学的路上认真寻找。爸爸心急如焚，在路上还和另外一个骑电动车的人撞到一起，把膝盖都碰破了。直到妈妈打来电话，说杨子正在家里写作业，爸爸才怒气冲冲回到家里，质问杨子："杨子，不是说好了在校门口的大树下等着的吗？你怎么没有找爸爸就自己回家了？"杨子看着爸爸生气的样子，有些心虚，却还是壮着胆子说："我不是跟你说了不要去接我吗？其他同学的爸爸都开着车去接他们，就你骑着个破旧的电动车，你不嫌丢人，我还嫌丢人呢！"

爸爸从未想过杨子拒绝接送居然是这个原因，他很沮丧，颓废地说："哦，原来闺女长大了，开始嫌弃爸爸了。这辆电动车你看不上，我可是舍不得扔掉，因为它是送你上幼儿园的那一年为了接送你才买的，现在我还留着你小时候坐的车座呢！"看着爸爸动情的样子，杨子羞愧地低下了头。这个时候，在一旁的妈妈说："杨子，我和爸爸的确没有其他父母那么有钱,但是我们已经竭尽全力为你创造最好的生活条件。可惜投胎不能选,不然你投胎到那些富贵人家多好。我和爸爸也越来越老了,可能你以后当着同学的面,都不敢叫我们爸妈吧!"杨子羞愧地哭起来,妈妈继续说,"但是,我和爸爸问心无愧。我们是凭着劳动、凭着血汗才把你养大的,我们自觉对得起你这个女儿。"后来,杨子针对这件事情写了一封信给爸爸妈妈承认错误,此后,她很少再与同学攀比。

青春期的孩子很容易出现攀比的情况,因为他们渴望着融入同龄人的团体之中,也希望自己可以获得同龄人的认可和接纳。然而,青春期孩子的人生观、世界观、价值观都没有完全形成,为此他们在成长的过程中难免会出现偏颇,也会犯很多的错误。在这种情况下,父母一定要引导孩子形成正确的价值观,也引导孩子避免与他人进行毫无意义的比较。否则,孩子的攀比心越来越重,他们未来对于物质的欲望也会越来越强烈。

除了比物质和金钱之外,孩子还很喜欢比学习。的确,学习是孩子的本职任务,如果孩子通过攀比来激励自己更加努力、勤奋地学习,这固然是好的。但是当攀比心过于强烈的时候,孩子就会把学习上的成败得失看得过于重要,这样一来,他们就会为了取得好成绩而不择手段,如考试作弊等,这些都是歪门邪道,也是孩子在学习过程中不可触碰的红线。

总而言之,人生在世,每个人都活在社会群体之中,都有自己的生活群体,孩子也是如此。随着孩子的不断成长,他们的人际交往圈子会越来越大,人脉资源也会越来越丰富。在这种情况下,孩子们只有守着自己淡定、从容的内心,才能更加真实地做好自己,从而也让自己拥有更加成功和美好的未来。否则,攀比之心不但会让孩子为谋求成功做出出格的事情,也会让孩子的心变得越来越浮躁。到最后,完全迷失在攀比和欲望的深渊中,忘却了自己的初心和本心。

现代社会,很多孩子都是独生子女,从小就在父母的宠爱下成长,根本不懂得生活艰苦的一面。为此,他们总是习惯性地对父母提出更多的条件和要求，而缺乏体谅父母辛苦的心。在这种情况下，父母可以尝试带着孩子去孤儿院、福利院等地方去做义工，从而让孩子见识到生活的疾苦，也知道自己的幸福生活得来不易。这样，孩子也许会有知足的心并学会感恩。

不虚荣，淡然做自己

小米已经17岁了，正在读高二。小米不但人长得漂亮，而且学习非常好，尤其是喜欢弹钢琴，是公认的"校花"。一开始，小米对于周围人对她的赞赏还能虚心接受，渐渐地，她越来越自我膨胀，居然变得很虚荣。

有一个周末小米回到家里，对妈妈说："妈妈，我需要2000元钱。"妈妈很诧异："你在上学，要2000元钱做什么？"小米说："我们班级里的瑞雪居然买了一身漂亮的时装，我问了，需要1800元钱。不过我还想买双鞋子，所以2000元才够。"妈妈问："你也要买？"小米说："嗯，我也想买。我可是'校花'啊，怎么能穿得不如那些普通女孩呢？"妈妈听到小米的话，有些惆怅，说："小米，谁说'班花''校花'就一定要穿得比别人好呢！从一开始，大家都喜欢你，就是因为你长得漂亮，学习也好，而且还很勤奋好学。特别是你弹钢琴的样子非常优雅。难道大家是因为你穿的衣服全校最贵才选你当'校花'的吗？"小米陷入沉思。

青春期的孩子很容易因为虚荣而陷入攀比的状态，而在攀比的过程中，他们的虚荣心又会变得越来越强烈。在这种状态下，想要淡然、从容地做自己，显得难上加难。很多父母都发现，不仅青春期的女孩喜欢攀比穿漂亮的衣服，青春期的男孩也会盲目追求名牌。例如，哪个同学有最新款的手机、哪个同学穿了新款的服装等，都会让孩子们怦然心动。如果家庭条件好，名牌的服装就是日常的消费，尚且还可以理解，但是如果家庭条件很一般，根本穿不起名牌，却为了穿名牌而故意刁难父母，那么就会让父母非常被动和无奈。

很多父母都不知道如何才能帮助孩子消除虚荣心，也因为被孩子索要更多的金钱财物而烦恼。实际上，很多时候，孩子爱虚荣和家庭环境以及家庭教育有密切的关系。有些父母本身就很爱攀比，也常常喜欢当着孩子的面炫耀。渐渐地，孩子就会受到父母的影响，也喜欢抬高自己，以听到别人吹捧的声音。不得不说，现代社会做父母的实在是压力山大，不但要照顾孩子的吃喝拉撒，还要辅导孩子的学习，当孩子进入青春期，还要随时准备应对孩子有可能出现的各种身心发展问题。

攀比是人的本能之一，爱虚荣只要在适度的范围内，也是正常的心理现象。包括成年人在内，几乎每个人都会有不同程度的虚荣心和攀比心，最重要的在于要把虚荣心和攀比心控制在合理的范围内，才有助于孩子的成长，也可以从侧面激励孩子不断努力和进步。在孩子出现攀比的时候，父母还要把孩子的攀比从物质和金钱上，引导到精神层面、学习层面、道德品质层面上。让孩子争当文明人，争取在学习上出类拔萃，这都比攀比物质和金钱来得更好。此外，还要告诉孩子，不要拿自己的优点和别人的缺点比较，否则就会沾沾自喜；不要拿自己的缺点和别人的优点比较，否则就会盲目自卑。在和别人比较的时候，一定是带着学习的目的，避免炫耀。生活如同逆水行舟，不进则退，只有虚心进取，才能在成长的道路上发挥自己所有的潜能和力量，砥砺前行。

父母还要告诉孩子——什么才是真正的成功。很多孩子并不理解成功的定义，对于成功的理解难免出现偏颇，觉得成功就是和别人一样赚取很多的钱，获得很高的地位。实际上，孩子只有真正理解成功的含义，也做到正确地定义成功，才能知道自己学习的意义和目的是什么，勤奋和努力的动力是什么。一个人模仿他人获得成功并不是真正的成功。对于任何人而言，所谓成功，就是活出自己期望的样子，拥有自己想要的人生。不得不说，每个人都是这个世界上独一无二的生命个体，每个人的成功也都应该带有深刻的个性色彩和人生印记，这样才是符合自身需要的成功。记住，成功从来不是复制出来的"赝品"，而是创造出来的"孤品"。对于孩子也是如此，活出自己真实的精彩，才是最大的成功。

戒骄戒躁，砥砺前行

在整个小学阶段，宋佩在学习方面从未让父母操过心，总是非常勤奋和努力，而且很积极，学习成绩始终出类拔萃，而宋佩也习惯了得到老师的喜爱和宠爱。在小升初的考试中，宋佩发挥很好，顺利考入重点初中，全家人都为宋佩高兴。然而，在升入初一没多久，宋佩就出现了让自己焦虑的情况。

每天晚上，她入睡都很困难，有的时候好不容易睡着了，还会因为梦到考试而急得醒过来。白天，她因为睡眠不足而昏昏欲睡。在进入初一的第一次月考中，宋佩的成绩在班级里排二十几名，这和她小学阶段始终稳定班级前三名相差悬殊，当天晚上她就从睡梦中哭醒。看到宋佩的状态，妈妈很担心，带着宋佩去医院看心理医生。医生在给宋佩诊断之后，断言宋佩患上了严重的神经衰弱，也有些抑郁症的倾向。妈妈丈二和尚摸不着头脑：这个孩子很顺利地考上重点初中，为何还抑郁了呢？

医生详细了解了宋佩在小学阶段的学习情况，又了解了宋佩进入初中后的表现情况，很有把握地告诉妈妈："鸡头凤尾的落差，让孩子觉得无法承受，也感受到了巨大的焦虑和无法消除的抑郁情绪。"医生的话让妈妈恍然大悟，一开始，妈妈只是以为宋佩还没有适应初中的生活，现在才知道宋佩从进入初中面对更多优秀的对手时，就感受到巨大的压力，所以心理状态才会越来越糟糕。此后的日子里，妈妈有的放矢地开导宋佩，对于宋佩的学习也很少提出过高的要求。渐渐地，宋佩找到自信，学习成绩也有所提升，终于适应了不能稳居前三的初中生活。

进入青春期，孩子不但需要承受更加繁重的学习任务，而且需要面对身体和心灵的快速发展变化，尤其是体内激素的大量分泌，使得他们感到情绪焦虑、压力山大。在这种情况下，父母一定不要继续给孩子施加压力，尤其是在孩子刚刚升入初一的时候，初中的学习模式和小学阶段截然不同，孩子也需要适应的时间和过程，为此父母要更加耐心地引导和陪伴孩子，给予孩子积极面对的力量。唯有如此，父母才能陪伴孩子度过小升初艰难的适应期，也才能以爱与呵护帮助孩子度过青春初期。

事例中的宋佩，之所以从小学阶段的出类拔萃到初中阶段的黯然失色，就是因为她考入了重点初中，她的每一个初中同学都是小学阶段的佼佼者。宋佩一下子失去了在学习上的优势，在老师面前也不再是尖子生，为此她才紧张焦虑到无以复加。幸好妈妈及时带着宋佩去看心理医生，才能有的放矢地帮助宋佩减轻压力、缓解焦虑，让宋佩最终适应初中生活。

对于孩子的学习，作为父母，一定要端正心态，意识到学习是细水长流、长期坚持的事情，不能一蹴而就。为此，父母要督促孩子学习，要做好打持久战的准备，而不要总是对孩子提出短期的过高要求，以致让孩子感受到巨大的压力。

此外，很多父母都喜欢看着孩子写作业。试问：孩子从小学一年级到高三毕业，你能一直看着孩子吗？当然不能。既然如此，不如帮助孩子养成良好的学习习惯，这样一来，孩子在学习方面就可以做到循序渐进，从而也就效率倍增。当孩子在学习上遇到难题的时候，父母不要总是空洞地让孩子思考，而是和孩子一起思考，寻找解决问题的方法，这样对于孩子才能起到切实有效的帮助作用。有些父母甚至忘记了孩子在读几年级，也不知道孩子在年级里的哪个班级，不得不说，这样粗心的父母对孩子是不负责任的。孩子的学习是日积月累的，因为每天都在学习新的知识，所以一旦落下某一个知识点，就会导致问题的堆积。明智的父母还会督促孩子养成"当日事当日毕"的好习惯，从而让孩子把每天学习到的知识都掌握牢固，这样一来，孩子在学习上自然会更加牢固扎实，效果显著。

　　从心理学的角度来说，情绪问题是"宜疏不宜堵"的。当孩子出现负面情绪时，父母不要一味地强制要求孩子不许哭。有的时候，孩子心中委屈或者因为疲惫而感到心力交瘁，能够哭出来正是一种发泄，也可以帮助孩子重新获得平静的情绪。古时候，大禹治水时发现之前治水接连失败的原因，就是一直在采取堵的方式。情绪也和流水一样，宜疏不宜堵。作为父母，一定要引导孩子宣泄情绪，这样才能保证孩子心理状态良好。当孩子面对的问题非常具体、明确时，父母可以引导孩子进行理性的思考。当孩子在父母的指引下找到圆满解决问题的方式时，孩子的情绪问题也就会水到渠成地解决了。如今，几乎所有父母都陷入教育焦虑状态，所以有人说如今是全民教育焦虑状态。与此相对应的是，几乎所有孩子都在面对巨大的学习压力，也需要承受繁重的课业任务。因而，明智的父母一定要学会与孩子相处，也要有的放矢地引导孩子以正确的方式面对学习，提升学习效率；以适宜的方式宣泄情绪，保证心理状态的健康。

轻松面对，一切都好

　　思思从小就是一个很爱笑的女孩，即便已经进入初三紧张的复习阶段，每天都要学习到深夜才能完成大量的作业，大多数同学都愁眉苦脸的，思思依然整天都笑眯眯的，看起来心情好极了。

有一天，好朋友问思思："思思，你怎么每天都这么高兴啊？写作业都快累死了，我一点儿都笑不出来。"思思回答："生活这么美好，我为什么要愁眉苦脸呢！你更应该高兴的，你的学习成绩比我好多了，是不折不扣的尖子生，我才是个中等生呢！"好朋友说："尖子生也有压力啊，这次考了第一名，下次谁知道能考第几名，如果不是第一名，爸爸妈妈就会唠叨。"思思说："怎么会？谁能保证自己每次都得第一名呢！我妈妈总是告诉我，'思思，要开心啊，你长得又不丑，学习成绩不好也不坏，有的时候还能中上等，还有什么必要哭丧着脸呢！'"听了思思的话，好朋友感慨地说："思思，你妈妈可真好。我考第二名都要被妈妈说呢！"思思笑起来，说："那是因为你能力强，所以妈妈对你期望高。我妈妈知道我不是很擅长学习，已经很努力才能维持中上等，所以她对我的要求就是至少中等。"

眼看着中考到来了。在考试的时候，思思还是面带笑容、一副胸有成竹的样子，结果超常发挥，顺利升入重点中学。而好朋友呢，则因为过分紧张，导致考试的时候心神不宁，反而距离重点中学的录取分数线还差了1分呢！

有人说，学习的功夫在平时，只有平时学得好了，考试才能好。实际上，事实并非完全如此。学习除了要平时下功夫之外，还要拥有良好心态。很多平日里水平相差无几的孩子，因为对待考试的态度不同，所以轻松的孩子反而能考出好成绩，而过度紧张的孩子反而会导致成绩出现波动，甚至错过心仪的学校。所以父母除了要督促孩子认真学习之外，更要让孩子放松心态，养成轻松面对考试的好习惯。这样孩子才能在考试中发挥出应有的水平，取得理想的成绩。

人生是漫长的，在拼命努力的一生中，每个人都会遇到各种各样的难关——考试或者是考核，甚至是殊死一搏。总而言之，在面对这些人生中重要的时刻时，适度紧张能够帮助你更好地发挥，而如果过度紧张，你就会陷入被动的状态，甚至把平日里做好的准备工作全都忘记。不得不说，良好的心理素质对于人的成长和进步是很重要的。就算有朝一日离开学校，进入社会，也需要去面试才能找到好工作，又有哪个单位愿意聘用一个紧张到说话都磕磕巴巴的人呢？

青春期的孩子很容易紧张慌乱，怎么做才能有效缓解紧张的情绪，让自己尽量保持情绪平静和愉悦呢？

首先，要接纳自己的情绪。面对自己的紧张情绪，一定不要对抗，而是要坦然接受。具体来说，当你紧张的时候，不要自欺欺人地告诉自己"我一点儿都不紧张"，而是要对自己说"我很紧张，但是紧张是正常的情绪，不应该影响到我"。接纳情绪，可以帮助孩子们更好地与紧张情绪相处，而当彼此非常熟悉的时候，孩子们也就可以水到渠成地消除紧张情绪。

其次，在特别紧张的情况下，孩子们还可以自主转移注意力，例如，如果场地合适，可以做一些舒展运动或者原地踏步，从而让自己通过身体的活动来缓解紧张的状态。当然，如果条件许可，还可以来一杯热牛奶或者洗一个热水澡、听一听节奏舒缓的音乐，这些都是不错的选择。

最后，通常情况下，孩子之所以感到紧张，有可能是准备不充分导致的。作为父母，要引导孩子未雨绸缪，提前做好准备工作。这样一来，孩子才能气定神闲地迎接各种紧张时刻的到来，因为自己已经做好了准备，并处于胸有成竹、把握十足的从容状态。对于那些可以提前演练的事情，父母还可以配合孩子提前练习，这样父母不但可以与孩子进行积极的互动，也可以让孩子意识到在真正进行的时候有可能会发生怎样的意外情况，从而做好预先准备。常言道，"熟能生巧。"当孩子对于一件事情特别熟悉时，他们紧张的程度也就会大大降低。

总而言之，让孩子从容、轻松地面对每一件事情是不可能的，因为孩子原本就缺乏人生经验，对于很多事情都是第一次。父母一定要对孩子有耐心，要想方设法配合孩子去熟悉各种状况。做好准备，才真正有助于缓解孩子的紧张情绪，让孩子在成长和进步的过程中有更好的表现。

第5章

面对躁动不安的心，从容度过情绪化的青春期

青春期的孩子很容易情绪化，是因为他们的心原本就躁动不安。青春期，孩子的身心都处于快速发展和成长之中，又因为体内大量荷尔蒙的分泌，使得他们的神经更为脆弱和敏感。在青春期的特殊阶段，孩子很容易发脾气，也会因此而变得焦虑、烦躁或者因为很小的事情就与身边的人产生矛盾。在这种情况下，父母一定要控制好情绪，不要以过激的语言刺激孩子，而应该以理性平和的态度成为孩子情绪的"消防员"，帮助孩子梳理好情绪，从容度过青春期。

孩子为何情绪冲动

作为一名职业女性，小薇妈妈不但要做好工作上的每一件事情，还要照顾家庭，所以常常会因为身心疲惫而发火。正值周末，傍晚时分，妈妈加班回到家里，看到爸爸虽然一整天都在家，却没有做饭，未免火冒三丈，冲着爸爸吼道："你这个人怎么回事，真把自己当成大爷了吗？在家待了一天，还等着我回来做饭伺候你啊，我看今天都别吃了。"正在说着呢，小薇从外面补了一整天课也回来了。一进门，她没有闻到饭菜的香味，因而对着爸爸妈妈喊道："怎么还没有做饭啊，饿死我了！还让不让人活了！"说着，小薇就走到自己的房间里，"砰"的一声把门关上了。

妈妈原本还在生爸爸的气呢，现在被小薇一通抱怨，不由得更加火冒三丈，一边说着"这个孩子无法无天了，真是欠修理"，一边就准备去小薇的房间。爸爸赶紧拉住妈妈，小声说："孩子正在青春期，情绪本来就不稳定，又上了一天的课，饥肠辘辘的。你刚才不也埋怨我了嘛，互相理解，要不，我请你们娘儿俩吃涮羊肉去吧！"听说有涮羊肉吃，妈妈这才心情好转，赶紧吆喝着小薇一起出门去羊肉馆。

每个人都有情绪，孩子处于青春期，更是情绪容易冲动的时候。一则是因为情绪与生俱来；二则是因为青春期的孩子体内会分泌出大量荷尔蒙；三则是因为青春期的孩子学业压力增大，面对着更加激烈的竞争。为此，作为父母要理解孩子的情绪波动，也要控制好自身的情绪，从而承担起孩子"情绪消防员"的重任。

现实生活中，很多父母只知道关注孩子的饮食情况，为了保证孩子摄入充足的营养，他们常常变着法儿地给孩子提供美味的食物，却在无形中忽略了孩子身心的快速发展。父母不但要关心孩子的身体，也要更加关注孩子的心理和情绪状态，从而真正走入孩子的内心，也以尊重和理解为孩子营造更为自由的成长氛围。

具体而言，面对孩子的激烈情绪，首先，父母可以告诉孩子为何要控制情绪，也让孩子知道失去理性会有怎样的弊端。为了帮助孩子理解，父母可以以交通信号灯打比方告诉孩子，当情绪处于暴怒状态下就相当于亮起红灯，在这种情况下一定要更好地控制自己，哪怕能够停顿几分钟，也可以避免做出失去理性、失去控制、让自己懊悔的事情。还可以给孩子讲述一些人因为情绪失控而导致严重后果的事例，从而让孩子对于坏情绪的危害认识得更加深刻。

其次，父母要为孩子树立控制情绪的好榜样。很多父母本身就是容易情绪冲动的人，在教育和陪伴孩子成长的过程中，他们动辄就会对孩子发火，在孩子面前表现出情绪失控、歇斯底里的一面，这样一来，孩子与父母朝夕相处，无形中就会受到父母负面情绪的影响，因而情绪也会变得更加暴躁易怒。实际上，当情绪产生时，最合理的方式不是堵塞，而是疏通，为此父母也可以和孩子一起探讨疏通情绪的好方式，让孩子以合理的方式宣泄情绪，这样才有助于孩子恢复平静和理智。

最后，凡事都应该防患于未然，等到孩子的情绪真正发生的时候或者等到孩子已经形成了肆无忌惮地发泄糟糕情绪的习惯时，父母再想纠正孩子的不良情绪习惯就会很难。最重要的在于帮助孩子形成理性思考的好习惯，让孩子拥有开阔的心胸，也可以在面对很多事情的时候避免负面情绪的发生。

尤其需要注意的是，父母不管采取怎样的方式帮助孩子疏导情绪，都应该避免向孩子发泄自己的坏情绪，否则就会像干柴烈火一样导致愤怒的火焰在亲子之间熊熊燃烧。记住，父母是亲子关系的主导，要在与孩子相处的过程中充当"情绪消防员"的角色，才能以平静的情绪感染孩子，帮助孩子学会控制和驾驭情绪，成为自己的主宰。

焦躁不安让孩子迷惘

眼看着就要高中毕业，已经18岁的娜娜俨然成了一个懂事的大姑娘，她很清楚自己的学习成绩不是很好，也许连二本都考不上，为此对于高中毕业后的人生规划，她感到非常迷惘，根本不知道自己应该何去何从。如果考不上公立大学，她家里经济很紧张，父母根本没有钱供养她上民办大学。但是，如果高中毕业就去打工，娜娜觉得不甘心，她很清楚大学文凭是敲门砖，而作为高中生也许就只能在社会底层求得生存。正是在这样犹豫纠结的状态下，娜娜开始紧张焦虑，也常常因为思考这些不得解的问题而失眠。

看着娜娜心神不宁的样子，妈妈很心疼，也抱怨自己没有能力给娜娜更多的选择。有一天晚上，娜娜从噩梦中惊叫着醒来，把另一个房间里的妈妈都惊醒了。妈妈不愿意娜娜继续这样痛苦下去，为此对娜娜说："娜娜，如果今年考不上理想的大学，就复读吧，爸爸妈妈会供养你的。"听到妈妈的话，娜娜这才放下心来。接下来的日子里，她全力以赴地复习，拼尽全力地查漏补缺，也许是因为知道自己不用去打工，还可以继续上学，所以娜娜在学习上的表现非常好，学习效率也大幅度提升。高考成绩出来后，娜娜虽然没有考上理想的大学，却被另一所挺不错的二本录取。娜娜高兴极了，背起行囊去上大学，也对未来充满了希望。

在这个事例中，娜娜是想上学的，但是又知道自己的成绩不理想，为此才会非常紧张和焦虑，甚至因此而影响到心理状态，导致睡眠出现问题。妈妈的一句话给娜娜吃了定心丸，让娜娜知道自己是有机会重来的，为此她放下心来，轻松地准备高考，正是在这样的良好状态下，她考出了不错的成绩。

青春期的孩子就像站在人生的岔路口上，到底应该选择哪条路继续走下去，他们固然有自己的想法，也常常因为心智发育不成熟、人生经验匮乏而受到限制，导致在成长过程中常常面对各种困境，不知道应该何去何从。

从人际相处的角度而言，青春期孩子的社交圈子也越来越大，为此对于很多事情，他们难免会受到外部世界的影响，从而使得自己更加犹豫不决。当孩子出现举棋不定的情况时，父母不要为了省事就直接告诉或者强制孩子必须怎么做，否则孩子就会失去主见，永远也长不大。明智的父母会先肯定孩子的想法和思路，然后再对孩子的想法和思路加以引导，告诉孩子也许换一种做法会更好。这样一来，孩子在想问题的时候就会更加全面，也就会更加独立、有主见。当父母的意见与孩子出现分歧的时候，父母千万不要一味地强迫孩子必须听从父母的。要知道，孩子正处于形成主见的关键时期，也在寻找独立面对人生和未来的自信。所以，只要孩子选择的结果没有那么糟糕，父母就应该支持孩子的选择，也给孩子为自己的选择负责任的机会。唯有如此，孩子才能渐渐长大，思想才会越来越成熟。如果孩子能够在坚持选择之后品尝到成功的喜悦，那么他们就会获得学习的动力，也会获得信心和勇气。这对于孩子的成长和发展而言是至关重要的，也是父母给孩子最好的礼物。

除此之外，父母还要引导孩子认识这个社会，让孩子更加深入地融入社会、接触社会。很多父母恨不得把孩子像套中人一样保护起来，总觉得孩子还小，不需要过多地介入社会。实际上，父母这样的想法是错误的，也会耽误孩子成长的速度。每一个人都是独立的生命个体，也是人群中的一员。在这个世界上，没有任何人可以靠自己一个人生存下去。作为父母，让孩子更早地了解和认知社会，也以恰到好处的方式融入社会，对于孩子而言是很重要的。所谓"凡事宁早毋迟"，既然孩子早晚都要面对社会，那么让孩子更早地认知社会，对于孩子的成长有百利而无一害。当然，父母作为孩子的监护人,一定要确保孩子安全,在此基础上培养孩子的情商。

记住,父母即使再爱孩子,也不可能保护孩子一辈子。父母只有及早对孩子放手,给予孩子更大的自由空间去独立思考、独立做决定,孩子才会更加快速地成长,也才会具有更强的独立生存能力,从而更加积极主动地把握人生、主宰命运。

远离焦虑症

似乎进入初中一年级的情形还历历在目,转眼之间,小雨就已经升入初三,开始准备迎接中考。在初三之前,小雨的学习进展很顺利,学习成绩也在班级中上等到上等之间徘徊,为此妈妈并没有在小雨学习方面操心太多。然而,自从升入初三,小雨学习成绩就一落千丈。一开始,妈妈怀疑小雨早恋,在和小雨确定没有早恋之后,妈妈有些迷惘:孩子学习成绩出现这样大幅度的波动,到底是什么原因呢?

一天早晨,妈妈看着正在吃早饭的小雨哈欠连天、疲惫困倦的样子,问小雨:"小雨,你昨天晚上睡得挺早啊,9:30就睡了,怎么今天还是哈欠接连不断呢?"小雨说:"我虽然9:30关灯睡觉了,但是一直到11:00多才睡着。不知道怎么了,虽然很困倦,但是脑袋特别清醒。"妈妈问:"这种情况持续多久了?"小雨说:"从升入初三就这样。"妈妈意识到情况不太妙:孩子睡不着觉,怎么能有精力学习呢?记忆力也会受到睡眠不足的影响!为此,妈妈找了个时间带着小雨去咨询心理医生。心理医生在详细询问小雨的各种情况之后,又问小雨:"你有什么担忧和焦虑的事情吗?"一开始,小雨不假思索地摇摇头。后来,小雨想了想,又点了点头,说:"我特别担心自己考不上重点高中,因为我妈妈说考不上重点高中,就绝对考不上大学。"听了小雨的回答,心理医生看着妈妈,妈妈不好意思地笑了:"我是这么说过,是为了督促他认真学习的。"心理医生又问小雨:"那么你每次睡不着觉之前,会想到妈妈说过的话或者想到过重点高中吗?"小雨点点头。心理医生思忖片刻,对妈妈说:"孩子这是患上了青春期焦虑症,主要是因为担心考不上重点高中。"说着,心理医生转向小雨:"其实,不是每个大学生都是从重点高中出来的。能考上重点高中固然好,即使考不上重点高中,普通高中也不错。如今大学的招生率越来越高,所以你不管在哪一所高中,只要努力学习,就能考上大学。退一万步讲,就算考不上大学,现在也可以通过各种方式函授大学,重点在于你想学,也有毅力学。"心理医生的话解开了小雨心中的疙瘩,他喊道:"我考高中肯定没问题啊,其实以我的成绩考重点高中也没有太大问题,只不过我很担心而已。"心理医生笑着说:"那你就更不需要担心啦,你这么优秀都如此焦虑,其他孩子还怎么面对中考呢?"后来,妈妈再也没有在小雨面前过度强调过重点高中,因而小雨在学习上心态放松了,学习效率也大幅度提升了。

所谓青春期焦虑症,顾名思义,是发生在青春期的焦虑症,主体是青春期孩子。从心理学的角度而言,焦虑症是一种持久发生的焦虑、恐惧、紧张等负面情绪的综合表现,也属于脑机能失调的范畴。患有焦虑症的人,会表现出运动性不安,而且在焦虑症状比较严重的情况下,肢体上还会出现不同程度的不适。青春期孩子发生焦虑症的原因并不明确,各种会导致精神紧张的因素都会影响孩子的情绪,也会导致焦虑症状的产生。通常情况下,那些性格开朗、活泼热情的孩子不容易患上焦虑症,而那些性格内向自卑、总是郁郁寡欢的孩子,更容易受焦虑症的侵扰。在各种年龄段的孩子之中,青春期孩子因为情绪容易冲动、内心异常敏感,而且不知道如何正确排解和宣泄情绪,所以更容易患上焦虑症。作为父母,一定要密切关注孩子的心理状态和情绪表现,从而在孩子受到青春期焦虑症困扰的时候,及时帮助孩子,对孩子伸出援手,也在日常家庭生活中以更加恰到好处的方式教育和对待孩子。这样一来，才能有效缓解孩子的焦虑症状，让孩子摆脱焦虑情绪的困扰。

当然，要想卓有成效地帮助孩子摆脱焦虑症的困扰，就一定要深入了解孩子，知道孩子的所思所想，也要知道孩子在为什么事情而紧张焦虑。所谓"心病还须心药医"，只有对症下药，父母的教育才能起到最好的效果。否则，当父母不分青红皂白嫌弃孩子焦虑、抑郁，那么只会导致孩子焦虑或抑郁的情况越来越严重。记住，父母不但是最爱孩子的人，也应该是最了解和关切孩子的人。

需要注意的是，如果孩子的青春期焦虑症比较严重，甚至已经有了抑郁症的倾向，那么父母就要带孩子及时就医，寻求专业心理医生的帮助。如果有必要，心理医生还会给孩子开一些对症的药物辅助治疗。总之，青春期焦虑症虽然不是实实在在的身体疾病，但是关系到孩子的心理健康和情绪状态，父母一定要非常重视和慎重对待。

心浮气躁的孩子伤不起

一天傍晚，王大爷出门遛弯儿，路上遇到同事小张正在急急忙忙朝着小区门口走去。王大爷和小张打招呼："小张，吃饭了吗？这是要去哪里啊？"小张冲着王大爷笑了笑，说："赶着去接孩子，孩子练习跆拳道马上就放学了。"王大爷很惊讶："咦，前段时间不是听说孩子去学习武术了吗？"小张无奈地说："嗨，别提了，当时报名兴趣班就让他学习跆拳道，他非要学习武术，现在学了几次武术，看到班级里有几个男生学习跆拳道，又马上改变主意想要学习跆拳道了。这不，幸好培训机构既有武术也有跆拳道，不用退钱，直接换了个班继续学习。"王大爷笑着说："现在的孩子真是幸福，想学什么就学什么，条件好了，也有的挑了。"

让小张没想到的是，才学了几次跆拳道，孩子又后悔了，因为学习跆拳道很辛苦、很疲惫，为此孩子提出要学习架子鼓。要知道，学习架子鼓可不像学习跆拳道和武术这么容易，只需要换个班继续学就行了。学习架子鼓的孩子，家里必须有架子鼓，而且还要把一间卧室做成隔音的，否则非得整天吵闹、喧嚣不可。小张很迟疑，爷爷却说男孩学习架子鼓也挺好的，小张马上反驳："如果架子鼓买回来不学，又要学钢琴怎么办呢？"的确，小张说的是个问题，为此爷爷也陷入了沉思。

青春期的孩子心无定性，他们决定做一件事情很快，也许只是因为有同学学，他们只是盲目跟风而已。因而，父母在决定支持孩子学某项技能的时候，一定不要一时兴起，而是要更加深入地了解孩子。当孩子主动提出要学习什么的时候，父母要慎重地问清楚孩子真实的想法，也要告诉孩子一旦决定了就要认真去学。这样一来，父母与孩子达成契约，才有助于约束孩子，也可以有效提升孩子的自控力，从而让孩子更加沉下心来，专注地做好某一件事情。

如果你家有青春期的孩子，你就会知道青春期的孩子一天一个想法、一天一个状态。有人说，"六月的天，孩子的脸。"原本这句话是用来形容幼儿时而欢喜时而哭泣的百变状态，如今却可以用来形容青春期孩子瞬息万变的心情。因而，不如把这句话改成"六月的天，青春期孩子的心"，也同样生动贴切。

青春期孩子为何容易犯心浮气躁的毛病呢？沉下心来学习、踏踏实实做事情，不是更好吗？其实，不是青春期的孩子善变，而是他们所处的特殊人生阶段——青春叛逆期，决定了他们一定会表现出程度不同的心浮气躁。既然如此，作为父母就不要一味地指责和训斥孩子，也不要总是对孩子提出过高的要求，而是要更加理性地对待孩子，也以恰到好处的方式引导孩子，只有这样才能激励孩子不断地努力进取，获得更好的成长和发展。

具体而言，要想让青春期孩子沉静下来专注地做事情，那么就要保证这件事情是孩子喜欢做的，也是孩子真正感兴趣的。如今，很多父母都处于教育焦虑状态，总是对孩子提出各种各样的要求，也命令孩子必须按照父母的安排去做。不得不说，这样的教育方法对处于青春期的孩子是完全行不通的。如果说年幼的孩子因为畏惧父母的权威，会听从父母的指令，那么青春期孩子自我意识不断增强，越来越有主见，父母一味地强迫他们，只会导致他们产生逆反心理，故意与父母对着干。因而，明智的父母会采取"顺毛驴"的方式对待孩子，而不会总是对孩子颐指气使、居高临下。

从家庭教育的角度而言，父母的言传身教也会对孩子产生强大的影响力。很多父母在教育孩子的时候，有着"望子成龙"的心理，这原本无可厚非，却导致在教育孩子的问题上摇摆不定，时而主张让孩子学习钢琴，时而主张让孩子练习跆拳道。长此以往，孩子变得犹豫不定、失去主见，既不知道自己到底想干什么，也不知道父母到底想把自己培养成怎样的人，未免心神涣散，就像"小猫钓鱼"一样最终一条鱼也没有钓到。所以，父母对于孩子的教育要有一颗笃定的心，而且作为爸爸和妈妈也应该对孩子的教育问题保持统一认识，这样才能让孩子踏实成长。记住，不要因为父母的浮躁而加重孩子的浮躁。要想让孩子戒骄戒躁、砥砺前行，父母就一定要坚定不移，让孩子在成长的道路上专心、专注，进而获得更大的进步。

"哥们儿义气"真的好吗

最近这段时间，赵刚显得神神秘秘的，常常躲在房间里和同学通电话，妈妈感到很担忧，生怕这些正处于青春期的熊孩子做出什么冲动的事情来。为此，妈妈密切关注赵刚的一举一动。然而，赵刚一切正常，几天之后，却传来赵刚的同学刘烨离家出走的消息，不但刘烨的父母快要急疯了，班级里的老师和其他的父母也都在帮忙寻找。

妈妈接到消息正准备出门去找呢，突然想起来一件事情，她马上去找赵刚询问："你有没有什么事情瞒着我？"赵刚看起来很紧张，还没听完妈妈的问题呢，就赶紧把头摇得像拨浪鼓一样。妈妈更怀疑了，索性直接问赵刚："你们班级里的刘烨离家出走了，你知道吗？"赵刚不假思索地摇摇头，继而又点点头，后来索性瞪着大眼睛看着妈妈，不置可否。妈妈说："我可告诉你，离家出走是非常危险的，如果你不马上告诉我事情的真相，一旦刘烨走远了，家人找不到他了，他很有可能成为失踪人员。"赵刚眼睛里明显泛出紧张的神情，妈妈继续说："你知道世界上每年有多少人失踪吗？注意，是失踪，不是离家出走。失踪，就是人间蒸发，再也找不到了。他们都是被人贩子拐卖走的，或者卖到深山里去挖煤，或者被残忍的器官贩卖者弄去挖心挖肺。你要是真的对朋友好，就赶紧说出真相，否则就来不及了。"在妈妈的恐吓之下，赵刚有些动摇："但是我答应刘烨绝对不出卖他的。"妈妈说："如果刘烨现在被人贩子控制住，你觉得他是希望你说出去，还是不希望你说出去呢？"赵刚被吓住了，对妈妈说："刘烨要去上海，因为他说有个表哥在上海当保安，可以给他也介绍一份工作。他还说再也不回家了，因为他不想被爸爸妈妈管。"

妈妈得到这个消息，第一时间通知了刘烨父母，而且让刘烨父母直接驱车赶往上海，联系那个所谓的表哥，妈妈则和老师去长途车站会合，看看刘烨是否真的已经上车了。果然，妈妈和老师到了车站，车站的信息显示刘烨已经上车。爸爸妈妈到达上海，比刘烨早了半个小时，刘烨一下车就看到爸爸妈妈站在车站，完全忘记了自己是离家出走，激动地扑到爸爸妈妈怀里，原来他上了大巴车就后悔了，却不敢中途下车。

青春期男孩很容易讲哥们儿义气，他们觉得真正的男子汉或者英雄，要为哥们儿两肋插刀，也要为哥们儿奋不顾身，还要为哥们儿保守秘密。

那么对于青春期男孩而言，最可怕和危险的事情是什么呢？是遇到事情的时候不向父母求助，而是与同龄人商议。要知道，青春期孩子的同龄人也是青春期孩子，他们同样迷惘和无助，也同样看待问题片面且偏颇。这样一来，他们很容易就会陷入同样的误区之中，也常常会因此而变得被动，面临危险。

现代社会，孩子的成长速度很快，尤其是孩子们很容易接触到网络，也就会接收更多的信息。在这种情况下，父母要想通过封锁信息让孩子们对于很多事情不闻不问显然不可能，只有真正成为孩子的朋友，走入孩子的内心，才能让孩子更加信任父母，也会在有困惑的时候第一时间就与父母沟通。作为父母，只有全方面深入了解孩子的情况，才能更好地保护孩子，也才能正确地引导孩子。

对于青春期孩子而言，他们特别渴望得到同龄人的友谊，也希望可以与同龄人更加紧密地团结在一起。在这种情况下，父母与青春期孩子相处的时候就要注意，既要尊重孩子，也要尊重孩子的朋友，尤其是在很多紧急情况下，与孩子亲密无间的朋友往往会知道更多有效的信息。但是在支持和鼓励孩子交友的同时，父母也要告诉孩子什么才是真正的友谊。因为心智发育不成熟、人生经验匮乏，很多孩子以为江湖义气就是朋友情谊，其实这是完全错误的。甚至有的青春期孩子为了和所谓的朋友一起行动，居然在朋友的游说下，和朋友一起去偷窃，不得不说，这样的友谊有不如没有，对于孩子的成长形成了很大的负面影响。

此外，父母还要有意识地培养孩子的是非观念，让孩子知道哪些事情是错的、哪些事情是对的，这样一来，当父母不能陪伴在孩子身边或者全方位监管孩子的时候，孩子就可以凭着自己的能力明辨是非。总而言之，朋友固然是每个人一生的陪伴，但是不管是孩子还是成年人，都应该正确认识朋友，也要理性对待朋友，既要友好地与朋友相处，也要与朋友之间有明确的界限，这样才能让友谊在合理规范的范围内发展和成长。

不自卑，拥有阳光人生

最近这段时间，妈妈发现蕊蕊的情绪很反常。在小学阶段，蕊蕊每天都开开心心地唱着歌去上学，回到家里也总是小嘴吧嗒吧嗒地和妈妈说很多学校里的奇闻趣事。但是现在，蕊蕊明显沉默了很多，每天一放学就回到房间里，把自己关起来，直到吃晚饭的时候才出来。偶尔妈妈问蕊蕊怎么了，蕊蕊总是说在写作业，其他的就不愿意和妈妈说了。

看着蕊蕊的样子，妈妈很着急。然而，即便妈妈故意逗着蕊蕊说话，蕊蕊也总是三言两语地敷衍了事，完全没有兴趣交谈。后来，妈妈打电话给老师了解蕊蕊在学校里的情况，老师说蕊蕊在学校也很沉默，课堂上几乎不回答问题。蕊蕊到底是怎么了？妈妈决定一定要问个清楚。周末，趁着蕊蕊在家，妈妈和蕊蕊深入交谈了一番，费了九牛二虎之力才从蕊蕊嘴巴里听到真话。原来，蕊蕊之所以这么沉默寡言，是因为感到自卑，觉得自己太胖了。蕊蕊从小就是婴儿肥，长大之后，还是婴儿肥，看起来白白嫩嫩的，浑身都肉嘟嘟的。在小学阶段，孩子们爱美的意识没有那么强烈。到了初中阶段，青春期孩子爱美的心越来越强烈，为此，孩子们更加注重美丽，也有的孩子给蕊蕊起了个外号，叫"胖妞"。可想而知，没有任何女孩喜欢这个外号，蕊蕊也是如此。为此，蕊蕊很自卑，觉得自己在全班同学面前都抬不起头来。

听到蕊蕊讲述的原委，妈妈恍然大悟，也很心疼蕊蕊："傻丫头，你还小呢，等到长大了就会变瘦的。你看看，妈妈不是很苗条吗？其实，妈妈小时候和你一样胖胖的，超级可爱。我记得总有大人来捏我的脸蛋，把我弄哭,其实我知道他们都是喜欢我才这么做的。"妈妈的一番话让蕊蕊感到心情好些了,她难以置信地问妈妈:"妈妈,你说的是真的吗?"妈妈说:"当然,我说的千真万确。而且,一个人不管是胖瘦高矮,只要健康就好,真正的美是来自内在的,而不是只靠着外在,知道吗?"蕊蕊点点头,笑起来。从此之后,蕊蕊又变回了那个非常开心快乐的女孩,每天都唱着歌去上学,在学校里,即使有人喊她"胖妞",她也不生气了,而是告诉对方:"请叫我快乐的胖妞!"

  青春期女孩的心思非常细腻、敏感,为此她们有可能因为一件小小的事情就非常感动,也会因为一件别人不以为然的事情就变得沮丧、失落,陷入负面情绪的旋涡。父母作为和孩子最亲近的人,一定要非常关注孩子的情绪,当发现孩子情绪异常的时候,要及时了解孩子情绪背后的原因,也要更加关注孩子的心理动态。这样一来,才可以有的放矢地帮助孩子保持好情绪。

  此外,在进入青春期时,孩子也从小学进入初中,为此他们在学习上面临着很大的困难,父母既要帮助孩子度过初中适应期,也要多多认可和鼓励孩子,这样一来,才能帮助孩子找回自信、找到勇气。如果孩子非常自卑,常常以自己的缺点和别人的优点进行比较,那么父母还要引导孩子发现自己的优点,从而转移孩子的注意力,让孩子从自卑变得自信。

  当然,在成长的过程中,没有任何孩子会从来不犯错误。在孩子遭遇失败或者"摔跟头"的时候,父母不要对孩子冷嘲热讽,而是要引导孩子分析错误,找到错误背后的原因。一个真正内心强大的孩子,不是从不犯错误,而是在犯了错误之后能够理性分析,也可以总结经验和教训,踩着失败的阶梯不断前进。

第6章

面对学习的重任和压力，找准症结、对症下药才能事半功倍

很多细心的父母都发现，进入青春期，孩子对于学习的兴趣和热情似乎也在急速下降，而且还有少数孩子表现出厌学的情绪，这是为什么呢？面对孩子对学习的兴趣不足，很多父母倍感抓狂、苦恼不已。实际上，孩子学习的任务的确很重、学习的压力的确很大，作为父母要想有效督促孩子学习，就必须找准症结、对症下药，才能有的放矢、事半功倍。

孩子为何厌学

最近，爸爸发现周磊的学习成绩每况愈下，要知道，现在已经是初二了，如果周磊在这个节骨眼上不能把学习成绩提升上来，并且持续进步，那么就意味着周磊在整个初中阶段的学习都会非常被动，甚至连能否考上重点高中都是未知数。为此，爸爸心急如焚，却不知道问题出在哪里。

在月考之后的家长会后，爸爸特意留下来等着询问老师周磊的学习表现和学习情况，但是老师反馈的信息让爸爸很惊讶。原来，周磊自从初一开始，就与同学们的关系很差。在初二学期开始，他还因为一点矛盾就和同学之间大打出手，从此之后他就变得更加孤僻。爸爸得知这个情况后很惊讶："老师，您怎么没有告诉我这件事情呢？"老师说："青春期孩子原本就容易冲动，发生矛盾争执甚至是打架斗殴都很正常，而且后来问题也已经解决了，我没有必要凡事都告诉您啊！况且，孩子每天都回家，我还以为您已经知道了呢！"爸爸无语，回到家里第一时间询问周磊情况，这才发现周磊情绪很低沉，也觉得自己在学校里受到同学们的排挤，为此闷闷不乐。爸爸想到，周磊之所以出现厌学情绪，也许就和与同学们相处不太融洽有关系。后来，借着周磊14岁生日，爸爸特意让周磊邀请了很多同学参加，并且给同学们精心准备了小礼物。果然，周磊和同学们的关系渐渐地好转起来，这一点爸爸从周磊每天早晨去上学和傍晚放学回家时的表现，就可以看出来。

在这个事例中，周磊之所以厌学，正是因为他没有和同学们搞好关系。

可想而知，在学校，孩子每天都要和同学们朝夕相处，甚至与同学交流相处的时间比与爸爸妈妈在一起交流的时间还要长，如果和同学们的关系变得生疏和冷漠，孩子在学校里学习和生活的感觉一定不会好。因此，父母在发现孩子在学习方面反常的时候，一定要第一时间了解孩子们的校园生活，这样才能知道孩子在学习上遇到困难背后的原因，也才能有的放矢地帮助孩子。

当然，每个青春期孩子的厌学表现各不相同，有的孩子学习成绩明显下滑，父母可以第一时间知道；有的孩子上课会出现注意力不集中的情况或者与其他同学说话，如果老师不向父母反馈情况，父母是无法及时得知的。所以，父母要积极主动地与老师沟通，这样才能对孩子的情况做到早知道、早掌握。此外，也有的孩子厌学情绪非常强烈而又浓重，因而会出现旷课和逃学的情况。父母一定要密切关注孩子，也要经常与老师保持联系，这样才能对孩子的厌学表现及时作出反应。

父母需要注意的是，孩子的任何言行举止背后都有深层次的心理原因。因而父母要透过现象看本质，知道孩子的言行举止背后隐藏的深层次心理原因，这样才能对孩子更加了解、更加理解，也可以有效地与孩子沟通、对孩子展开教育。

此外，当孩子出现厌学表现的时候，父母在挖掘孩子学习兴趣的同时，一定不要盲目地使用物质奖励的方式激励孩子，否则就会让孩子对于学习的内部驱动力转化为外部驱动力。从心理学的角度来说，外部驱动力是短暂的有效方式，而且看起来效果还很显著。但是外部驱动力维持的时间很短。相比之下，内部驱动力维持的时间更长久，而且也可以让孩子发自内心地意识到学习的妙处和乐趣，从而帮助孩子养成积极主动学习的好习惯。为此，父母不要轻易给予物质奖励，而是要让孩子认识到学习的必要性，也知道学习的重要性，这样孩子才能激发自身的潜能，迸发出对于学习的持久热情，从而在学习的道路上越走越远，在学习方面有出类拔萃的表现。

激发孩子学习的内部驱动力

才把与同学的相处问题解决掉,爸爸又发现周磊在学习上还是进步乏力,这到底是为什么呢?

有一天,一位同事来家里做客,吃午饭的时候,同事看到周磊已经长得比爸爸还高且强壮,为此感兴趣地问周磊:"周磊,你可真是个大小伙子了,你长大之后准备做什么呢?"对于同事的提问,周磊很认真地想了想,却不知道该如何回答,最终摇了摇头,说:"我还没想好呢!"同事很惊讶:"没有想好,那么你知道自己现在学习的目的是什么吗?"周磊说:"就是好好学习呗,把成绩提上去。"同事看着爸爸,爸爸有些尴尬。吃完午饭,同事一本正经地对爸爸说:"老周,我觉得你应该引导周磊。如今的孩子都早熟,很多孩子在小学阶段就已经很清楚自己的理想是什么,为此他们在学习上才能目标明确。但是周磊都上初中了,还不知道自己将来要做什么,学习上似乎也很迷惘的样子。"爸爸无奈地说:"是啊,这个孩子万事不操心。虽然我也经常会在他考试成绩好的时候奖励他,但是效果似乎很一般。"同事笑起来:"孩子大了,对于奖励的兴趣变得小了。我认为,最重要的是激发孩子学习的内部驱动力,这样才能起到长久、强大的激励作用,让孩子就像一辆动力充足的小火车一样不断地向前行驶。"

同事的话让爸爸茅塞顿开:"对啊,你这倒是提醒我不能再用物质奖励的方式激励周磊了,因为太贵的奖励我给不起,小的奖励他根本看不上眼了。等我问问他'他的理想是什么',希望能够帮助他找到人生的方向,获得成长的动力!"同事由衷地对爸爸竖起大拇指:"有你们这样用心的父母,孩子一定会进步更大、成长更快。"下午，同事才离开，爸爸就和周磊促膝长谈。经过这次谈话，周磊就像拨开云雾见到太阳一样，确立了自己的理想，也想清楚了自己要如何去做才能获得更好的成长。

很多孩子都非常迷惘，是因为他们从小就习惯了在父母的安排下做每一件事情，而没有自己的思路和规划。实际上，孩子在成长的道路上，就像船只在漫无边际的海面上航行，如果没有指南针和罗盘，就一定会失去方向，不知所终。所以，父母要及时引导孩子确立理想，明确人生的方向，这样才能帮助孩子有的放矢地去努力进取，也让孩子在奔向成功的过程中效率倍增。

当然，要想做到这一点，最重要的就是激发孩子学习的内部驱动力。很多孩子误以为学习是为了父母，因此每当考试成绩好的时候，他们就会向父母要各种奖励，而父母一时高兴就慷慨地给予孩子奖励。渐渐地，孩子会更加坚定地认为自己是为了父母才努力学习的。为此，父母要端正态度，不要总是对孩子滥用金钱和物质的奖励，而是要让孩子知道，不管什么情况下，读书、学习都是为了提升和充实自己，而不是为了任何人。孩子只有明确了这个观念，才可以更加理性地对待学习，对于学习也才能拥有持久的动力和热情。

此外，父母可以引导孩子多多阅读名人传记或者以自己的经历告诉孩子知识才是改变命运的终极武器。这样一来，孩子就会意识到知识的伟大力量，也会对学习更加充满兴趣、充满动力。需要注意的是，在帮助孩子一起制订计划和确立目标的时候，不要好高骛远，因为过于远大，哪怕努力了也无法实现的目标，常常会让孩子身心疲惫，也会导致孩子在成长过程中懈怠，甚至彻底放弃目标。在确立了远大目标之后，父母可以引导孩子对目标进行分解，例如，把长期目标分解为短期目标，而且短期目标应该以努力之后能够实现为限度去划分和确立，这样一来，孩子在经过努力之后感受到了成功的喜悦，也就会更加全力以赴地继续努力来对待未来的人生。这样的小小成功和喜悦，是对孩子最好的激励，也可以有效地激发起孩子内心的力量。

人生的道路是漫长的，学习更是一个需要长期坚持和积累的过程。作为父母，既要关注孩子的学习成绩，更要关注孩子的学习动机和兴趣，这样才能彻底解决孩子厌学的问题，有的放矢地激发孩子的学习兴趣，让孩子对于学习充满动力，这对于孩子的成长才是至关重要的。

不要让课外班成为孩子的噩梦

为了帮助周磊提升学习成绩，爸爸情急之下给周磊报名参加了好几个课外班，诸如语文、数学、英语、物理、化学，其中语文又分为古文、作文等。看着这一大堆的课外辅导班，周磊简直要崩溃了："爸爸，你这是让我不吃不喝也不去学校，而是专门去课外辅导班学习啊！"爸爸赶紧表示否定："怎么可能呢？学校当然是要去的。我是希望你在吃完学校的'正餐'之余，再吃'加餐'，这样才能身体倍儿棒、学习倍儿好啊！"周磊做出眩晕状："我就算是神仙，也不可能学这么多啊！"

从此之后，周末的每一天，周磊都至少要奔波三四个培训机构，上各种不同的课程。平日里上学，周磊6：30起床，周末，周磊甚至6：00就要起床，因为有一家培训机构距离比较远，而且课程是从早上8：00就开始的。就这样过去了两个月，周磊每天都带着黑眼圈，有一次周一在学校里上数学课的时候，居然睡着了。老师很生气地批评周磊，而且把周磊在课堂上睡觉的事情反馈给爸爸。爸爸不由得感到非常愧疚："周磊已经连续两个月的周末没有休息了！""什么？"老师听到之后惊讶地喊道，"两个月的周末都没有休息，到底在干吗？"爸爸说："他的成绩不够优秀，我就帮他报了好几个课外辅导班，希望他能够提升成绩。"老师不由得批评爸爸："糊涂！报课外辅导班是要查漏补缺，而不是要累死孩子。现在已经初二，孩子们在学校里的学习任务本来就很重，学习的压力也很大，你们作为父母最重要的是给孩子做好后勤工作，保证孩子的饮食和睡眠，而不是要压榨孩子多余的精力，让孩子没有办法休息好。任何时候，学校里的学习都是根本，课外辅导班只是加餐加点，不能代替学校的学习。你们这样的行为不是让孩子本末倒置吗？"爸爸被老师一通指点，感到很惭愧，当即表示会调整课外辅导班，也会尊重周磊自己的意愿对课外辅导班进行取舍，并且坚决保证周磊有充足的睡眠，可以精神抖擞地上课。

如今，几乎所有父母都陷入教育焦虑状态，为此他们对于孩子"望子成龙"的心也越发地迫切起来。尤其是当父母亲身体会到现实生活的压力巨大，竞争更加激烈，他们也就会情不自禁打着为孩子好的旗号，想要让孩子更加努力进取、拼搏向前。殊不知，孩子处于青春期，正是身心快速发展的时候，原本就要面临成长中的困境，也要适应从小学到初中阶段的变化。面对孩子这样的状态，父母一定要避免盲目地给孩子报名各种课外辅导班，否则就会导致孩子精力透支，甚至连学校里的学习都没有办法保证。事例中，老师说得很对，任何情况下，学校里的学习都是根本，作为父母一定不要本末倒置。否则，孩子就算在课外辅导班学得再好，如果对于学校学习的知识很陌生，也不利于孩子提升学习成绩，更不利于孩子健康成长。

毋庸置疑，初中阶段的学习和小学阶段的学习是截然不同的。初中阶段，知识难点更多，学习难度更大，而且学习上的竞争也日益激烈。父母一定要保持笃定，根据孩子的实际情况和学习进度来给孩子安排查漏补缺的课外辅导班，而不要"广撒网"。因为学习和捕鱼完全不同，孩子的时间和精力是有限的，如果父母只想让孩子面面俱到，而忽略了让孩子有重点、有目的地去学习，就会导致孩子的学习效率低下，而且学习效果也大大降低。只有父母笃定，孩子才能在学习上表现从容。实际上，如今给孩子减负的呼声很高，但是不管是学校还是父母，都无法真正做到为孩子减负，而是继续剥夺孩子幸福快乐的童年。不得不说，孩子的成长不是百米冲刺，而是漫长的马拉松长跑，只有给孩子更加自由宽松的环境，才能激发出孩子内心的力量，让孩子真正爱上学习，也感受到学习的乐趣，在学习上获得更加丰厚的成果。

尤其是对于青春期的孩子而言，他们正处于叛逆阶段。作为父母，要想激发孩子的学习兴趣，让孩子拥有学习的动力，一定要发自内心地尊重和平等对待孩子。在决定为孩子报名参加课外辅导班时，要给予孩子自主选择和决定的权利，父母可以给予孩子参考意见，为孩子提出中肯的建议，但不要强迫孩子必须按照父母的安排参加兴趣班。归根结底，孩子是学习的主体，如果孩子对于学习有抵触心理，哪怕父母强迫孩子必须去学，孩子在学习上也不会获得良好的效果。因此，明智的父母既会尊重孩子的兴趣和意愿，也会尊重孩子的态度和选择，这样才能有的放矢地为孩子报课外辅导班，让孩子的精力用到关键的地方，也让孩子的学习拥有事半功倍的效果。

增强记忆力，收获好成绩

已经升入初三，周磊有大量的知识需要复习，尤其是文科，让周磊感到不堪重负。在最近的语文单元测验上，周磊的成绩很差，才考了70多分。为此，爸爸火冒三丈："语文的学习是很简单的，只要认真学习，努力去记忆，就可以有效提升，看来你还是功夫不到家。这些死记硬背的东西，只要功夫到家，就一定能够有所提升。"对于爸爸的误解，周磊很委屈："我真的已经非常努力去记了，我也不知道为什么记不住。而且，有很多东西都需要记忆，我觉得我的脑袋就像一个塞满的衣服、已经往外溢的衣柜一样！"听到周磊生动形象的描述，爸爸忍不住笑起来。笑过之后，爸爸对周磊说："每个人的记忆能力的确不同，但是记忆应该是有方法的，爸爸帮你找找方法。"

爸爸说到就去做，很快，他就教给周磊一个方法：背诵课文的时候，中午的时候熟读，傍晚的时候再熟读，等到晚上睡觉之前再熟读，而且要尝试着回忆背诵，有不会的地方再读。等到次日清晨醒来，再次熟读和尝试回忆背诵。周磊对于爸爸的这个方法半信半疑，正巧他有课文需要背诵，就按照爸爸说的方法去做。让他惊讶的是，他真的比之前背诵得更快了。然后，爸爸继续对周磊说："周磊，你还要复习和巩固，继续重复这样的过程三天，这样一来，你会记忆得更加牢固，否则你很快就会忘记。"这一次，周磊很愿意按照爸爸说的去做，果然，他记忆得很牢固，而且因为背诵流利还得到了老师的表扬！

爸爸教给周磊的记忆方法是什么原理呢？实际上，与德国心理学家艾宾浩斯提出的遗忘曲线有很大的关系。在最初记忆新内容的时候，爸爸让周磊在晚上入睡前背诵、尝试回忆，实际上是为了激发潜意识对于相关知识的记忆。有心理学家经过研究发现，人在背诵很多东西之后，即使入睡，潜意识也会继续加深记忆。只要前一天入睡前熟读和背诵，等到次日清晨醒来，你会发现自己记忆得更深刻。而在后面复习的时候，爸爸要求周磊要连续三天重复记忆的过程，是因为艾宾浩斯提出人在记忆很多东西的时候，在此后的一段时间内遗忘是非常快的。这也就意味着，如果在短时间内做到熟悉和记忆，等到过了遗忘最快的阶段，知识就可以深刻记忆下来。记忆能力每个人确有不同，但是大多数人的记忆能力相差无几，所以只要采取合适的方法记忆，就会获得更好的记忆效果，也会大大提升记忆的效率。

从本质上看，提升记忆力的过程，就是与遗忘对抗的过程。因而，要想提升记忆力，最重要的就是战胜遗忘。当孩子形成良好的记忆习惯，也能够成功地战胜遗忘，他们就可以在学习上表现出更大的优势。尤其是对于文科的学习，更是需要超强的理解能力和记忆能力，包括一些理科的公式、定律等，也是需要牢固记忆的。不可否认的是，记忆力好的孩子在学习方面占有更大的优势。既然记忆力对于学习这么重要，作为父母，你知道如何帮助孩子掌握记忆的方法、提升记忆的能力了吗？"思维导图"是目前比较流行的增强记忆力的方式，可以让孩子尝试一下！

每个孩子在学习的过程中都在积累知识，就像建造房子需要更多的砖瓦和水泥一样，孩子的学习也需要先积累各种素材，最终才能搭建起知识的大厦。当然，孩子的学习还是循序渐进的过程。父母在督促孩子学习的时候一定要避免急功近利，更不要过度催促和强求孩子，只有尊重孩子成长的节奏和规律，有的放矢地引导和帮助孩子，才能卓有成效地提升孩子的学习能力与学习效率。当然，提升孩子的记忆力是一个需要坚持的过程，也许效果不会那么明显，但是一定要坚持。所谓"磨刀不误砍柴工"，只有让孩子具备学习的素养和能力，孩子才能在学习上效率倍增、收获满满。

谁说老师一定要让你看得顺眼呢

天骄对于初中的生活适应得很好。整个初一，她都顺利度过，而且在学习方面出类拔萃，各学科发展均衡。然而，到了初二，天骄原本最喜欢的科目——英语突然出现状况，成绩也一落千丈。妈妈对于天骄的情况很担心，因而赶紧去学校里找到英语老师了解情况，这才知道班级里换了英语老师。妈妈知道，天骄很喜欢以前的英语老师，对英语老师非常崇拜。现在，天骄对于新老师印象如何呢？难道是因为不喜欢新换的英语老师，才导致成绩出现波动的吗？

等到天骄回家的时候，妈妈特意问了天骄这个问题。果然，正如妈妈猜测的一样，天骄的确不喜欢新来的英语老师，而且有些讨厌英语老师。妈妈不由得感到无奈："天骄，老师是来教授你们知识的，你们要尊重老师，而且要知道，老师不是专程来讨好你的，没有必要非得让你喜欢。"天骄不同意妈妈的意见:"以前的老师可温柔了,而且对我也很好。现在的老师就喜欢巴结那些家里有钱的孩子,对我根本不好。"妈妈说:"难道老师上课的时候不让你听讲了吗?"天骄摇摇头。妈妈继续问:"那你为何说老师对有钱人家的孩子好,对你不好呢?"天骄说:"她总是表扬那个同学。"妈妈问:"那个同学学习好吗?"天骄点点头。妈妈说:"那么,老师喜欢学习好的孩子是自然的,你为何要反感老师呢?此外,人与人之间是讲究眼缘的,比如同样是老师,你喜欢之前的老师,而不喜欢现在的老师,不也是一种选择吗?同样的道理,老师即使面对学习同样优秀的孩子,也可能会自然地喜欢一个学生,而对于另一个学生就没有那么强烈的好感,这是人与人之间的吸引力,与钱没有关系。"听了妈妈的话,天骄陷入沉思,良久才说:"你说的也许有道理,但是我还是喜欢喜欢我的、对我好的老师。"妈妈笑起来:"天骄,你不能要求每个老师都喜欢你,那么其他孩子怎么办呢?你要接受更多的人,因为以后走出校门、走入社会,你甚至还要与那些对你有恶意的人打交道,这就是生活对每个人的要求。那你怎么办,躲起来吗?你不可能永远在爸爸妈妈的照顾下成长,你总是要去面对、要去接受,只有这样才会真正变得成熟。"

在妈妈的开导下,天骄终于不再对新来的英语老师耿耿于怀,在英语学习方面,也获得了一定的提升。妈妈看到天骄的改变很欣慰,因为妈妈很清楚,天骄因为不喜欢老师而偏科的问题得以解决固然很好,最重要的在于天骄学会了与不同的人相处,也积极地面对不同的人,这才是更有利于天骄成长的。

青春期孩子的情绪非常容易冲动,感情细腻又敏感,所以他们的爱恨同样强烈。他们会因为喜欢一个老师而喜欢其负责教授的课程,为此在这门课程上学习成绩也会非常优秀;他们也会因为讨厌一个老师而厌恶其负责教授的课程,为此在这门课程的学习方面出现很大的退步,也导致自己在学习上很被动。作为父母,引导孩子喜欢某个老师固然是解决问题的当务之急,但是更重要的是要教会孩子接纳生活中不同的人,也能够保持平静且积极的心态,这对于孩子的成长才是最重要的。

正如事例中妈妈所说的，没有人可以那么幸运地喜欢上在生活中遇到的每一个人，这与我们即使觉得自己很完美、很友善，也不可能得到所有人的认可和赞赏是同样的道理。作为孩子，从小就在父母的呵护下成长，因而误以为他们自己就是整个宇宙的中心，却没有想到世界从来不会以他们为中心，也不会始终呈现出他们喜欢的一面。所以，父母要告诉孩子学会接受不同的人和事情，也接受生活中一切的馈赠。

当然，孩子不喜欢一个老师的原因有很多，也许是因为老师批评过他们，也许是因为老师对他们总是非常严厉，还有可能是因为老师没有对他们表现出特别的喜爱。父母除了要引导孩子调整好心态之外，还要帮助孩子与老师友好相处。人与人之间的感受总是相互的，让孩子主动表现出对老师的友好，也可以借助各种节日给老师送一份贴心的小礼物，这对于帮助孩子拉近与老师之间的关系、加深与老师之间的感情很有好处。如果孩子因为心思单纯，也习惯于接受父母的照顾，而想不到这些小小的友好行为和举动，父母可以多多提醒孩子去做，也可以为孩子提供便利的条件去实现这些小友好。人是感情动物，有的时候，触动人心的不是那些大的方面，而是更加温情和细腻的表现。对于父母而言，让孩子成为一个友善、宽容、温情、细腻的人，这很重要，不但有利于孩子与老师的交往，也有利于孩子未来建立和维护良好的人际关系。

合理制订学习计划

到了初二，学习的知识量增大，难点也增多，为此天骄在学习方面陷入困境，总觉得时间不够用。有的时候，她要到晚上 11∶00 才能完成当天的作业，因此，洗漱之后睡觉已经 11∶30 了，到了次日清晨 6∶00 起床的时候，总是哈欠连天。看到天骄睡眠严重不足的样子，妈妈很担心，也咨询了班级里的其他家长，发现有些同学晚上10：00就可以完成作业。这是为什么呢？妈妈急于寻找原因，不是要批评天骄对于学习不能争分夺秒，而是想帮助天骄提高学习效率，也能够有更加充足的时间用来休息。

在多方咨询之后，妈妈意识到天骄对于学习没有计划，所以在完成作业的时候，常常会陷入被动的状态，也因为忙乱无序而浪费时间。为此，妈妈根据天骄每天的学习和作业，帮助天骄一起制订计划。例如，有些作业可以争分夺秒地完成，如对于需要背诵的课文，可以利用早晚上学和放学路上的时间进行背诵，中午在学校里吃完午饭休息的时候，也可以抽出少量时间进行巩固。现在，天骄每天下午放学回家都要用至少半个小时的时间去背诵课文，这样当然会导致完成作业的时间延后半个小时。至于坐车不方便看书，则可以提前把课文转化为录音的形式去播放，这样就避免了坐车看书的情况，也可以有效利用坐车的时间。在使用妈妈所说的方法之后，天骄不但节省了时间，而且还提升了背诵的效率，可谓一举两得。此外，在完成作业的时候，妈妈还让天骄限定时间。以往，天骄写作业很随意，总是不限定时间，常常会受到外界的干扰，导致在做作业的时候无法做到全神贯注，也导致效率低下。自从限定时间以后，天骄有了一个惊喜的发现，那就是原本需要1小时才能完成的语文作业，居然40分钟就完成了，而且写得又快又好。天骄非常感谢妈妈，妈妈看到天骄能够在晚上10：00之前保质保量地完成作业，也非常欣慰。

很多青春期孩子在学习上陷入困境，总是被大量的作业纠缠，无法保证充足的睡眠，就是因为他们对于学习没有规划，在完成作业的时候也没有计划，所以才会导致自己在学习上陷入被动的状态。正如一句流行语所说的"没有计划的人必然会被计划掉"，孩子面对学习也同样如此。当然，如果孩子在小学阶段没有养成制订学习计划的好习惯，那么面对初中繁重的学习任务，父母就要有意识地引导和帮助孩子制订计划，从而让孩子厘清学习思路，也让孩子在学习上提升效率、增强效果。

有计划地指引，会让孩子在学习方面呈现出截然不同的状态。在制订学习计划的时候，需要注意以下几点。首先，学习计划要有目标。因为有目标的计划，才能为孩子确立短期努力的方向；没有目标的计划，对于孩子的激励作用就会减弱。其次，制订学习计划的时候一定要规定时间。有限定的时间，孩子在完成计划的时候才会有紧迫感，也会专心致志、全力以赴去做好该做的事情，从而戒掉拖延，提升效率。细心的父母会发现，孩子在考试的时候总是能够在规定时间内完成一张试卷，甚至有些孩子还会提前完成试卷，但是在日常完成作业的时候，因为没有时间限制，所以同样是面对一张试卷，孩子常常磨磨蹭蹭要用一个多小时才能完成。这就是是否限定时间对于效率的显著影响。再次，制订学习计划的时候，应该根据学校里的课程进度来安排，这样才能与学校里的学习相辅相成、相得益彰。最后，制订学习计划应该留出富余的时间，否则孩子总是被计划追赶着走，而没有机会发挥在学习上的主观能动性，孩子很快就会感到疲惫，也会厌倦学习。因而，父母在引导孩子制订计划的时候，要有意识地留出时间给孩子发挥主动性，在制订目标的时候也不要一味地好高骛远，而是要为孩子订立通过努力就能实现的短期目标，这样孩子在实现目标之后才能感受到成功的喜悦，也从中受到激励和鼓舞，因而对于学习产生更加强烈的兴趣和内部驱动力。

总而言之，制订学习计划对于孩子来说非常重要。学习计划和学习目标是相对应的，有长期、中期和短期的划分，甚至为了督促孩子按时完成作业，还可以制订当日学习计划，这样一来孩子才能按部就班地完成学习任务，戒除拖延的坏习惯。当然，计划最重要的是从孩子的实际情况出发，从而激发孩子的学习能动性，帮助孩子有的放矢地发挥力量、认真学习，也激发孩子的自信心，让孩子更加高效率地完成学习任务，实现学习目标。当然，制订学习计划只是督促孩子学习的第一步，最重要的在于第二步——切实执行学习计划，一步一步、脚踏实地地完成计划，把目标变成现实。否则，再瑰丽的梦想都是空想，再好的计划都摆脱不了纸上谈兵的厄运。

劳逸结合，让学习事半功倍

自从升入重点高中开始读高一，李强对于学习明显表现出懈怠的状态，有的时候，妈妈督促李强一定要认真，他也总是说"进入了重点高中怎么也能考上大学，不要担心"。对此，妈妈几次三番告诉李强"就算进入重点高中也不是进了保险箱，而且并非重点高中里的每个人都能考上名牌大学。"然而收效甚微。思来想去，妈妈只好对李强采取强制措施，规定李强必须每天在完成学校任务之后还要做校外的习题。因为看不惯李强不以为然的态度，妈妈还加大了李强每天的课外作业量，又给李强报名参加了校外辅导班。结果，李强每天都要在完成学校作业之后做大量课外作业，而且在周末还要赶场参加好几个课外辅导班。渐渐地，李强觉得越来越疲惫，对于学习产生了厌倦心理，学习成绩还没有"加班加点"之前好呢！

妈妈感到很纳闷：花了这么多钱买课外习题、参加课外补习班，非但没有效果，还产生了反作用？为此，妈妈咨询了教学经验丰富的老教师。老教师在听完妈妈的讲述之后，说："你的做法有些偏激，导致孩子因为过度疲惫产生了逆反心理，说不定就是在与你对着干呢！"妈妈听到老教师的判断后很紧张，赶紧询问对策。老教师说："你可以和孩子好好沟通，如果他能调整好心态，积极慎重地面对学习，你可以减轻他的学习负担，让他发挥主动性，决定做哪些课外作业、参加哪些课外补习班，也许效果会更好。"妈妈也没有其他的好办法，只好与李强进行深入沟通。果然，李强在学习负担减轻之后，反而端正了态度，努力认真地学习，最终学习效率更高了，学习成绩也得以提升。后来，妈妈还精心为李强安排了放松的活动，让李强真正做到劳逸结合。就这样，个性很强的李强意识到了学习的重要性，在学习方面越来越积极主动，学习成绩也越来越好。

青春期的孩子不但面临身心的改变，而且初高中阶段的学习也和小学阶段截然不同，不但学习任务变得更繁重，而且学习压力也越来越大，竞争更加激烈。在这种情况下，父母既要慎重地给孩子增加学习任务，也要理性地对孩子施加学习压力。有些孩子的承受能力不强，在进入初中阶段就会表现出极大的不适应，还因为对于学习总是提心吊胆，因而表现出焦虑状态和抑郁症状。实际上，不管是学习还是生活，都要建立在孩子身心健康的基础上，才能取得好的结果。为此，父母要引导孩子合理安排学习时间，让孩子意识到唯有劳逸结合才能取得可持续性发展，也要告诫孩子更加积极努力地面对学习。

要想做到这一点，首先，父母要理解孩子的感受，也要充分认识到孩子所面临的学习负担和心理压力，这样才能以最好的方式合理对待孩子，也才能有的放矢地帮助孩子。其次，在安排孩子的学习生活时，一定要避免不分青红皂白就给孩子报名参加很多辅导班，还强求孩子必须完成大量的课外作业，否则就会导致孩子不堪重负，反而对学习产生厌倦心理。明智的父母知道孩子课业重、学习压力大，反而会有意识地为孩子安排休息和放松的时间，也会在家庭范围内举行一些有意思的、趣味性强的放松活动，这样一来，才能有效地让孩子放松身心，劳逸结合地面对学习，充实快乐地成长。

端正态度面对考试排名很重要

在经过上次的放松心态之后，李强有一段时间的确做到了快乐学习。但是，好景不长，期中考试之后，李强又陷入了巨大的压力之中。有一天，李强回到家里对妈妈说："妈妈，我都不想考大学了，还不如去打工自在呢！"妈妈听到李强的话感到非常震惊，赶紧询问原因："怎么会有这样的想法呢？现代社会，大学本科是基本的学历，可不是奢侈品可要可不要啊！"李强说："这次期中考试排名，我从二十几名掉到了三十多名，一下子觉得心里就像是压了一块大石头一样沉甸甸的，喘不过气来！"听到李强的名次下滑这么多，妈妈也很焦虑，但是她很清楚李强已经承受了巨大的压力，她可不能再火上浇油了，为此，她安慰李强："你知道自己的成绩为何下降吗？知道问题出在哪里吗？"李强点点头，说："我的作文写偏题了，而且我的数学有一道题目不会做。"妈妈问："那么，你现在知道如何做那道数学题，而且已经举一反三把相关的题型都弄懂了吗？"李强点点头。妈妈又问："你觉得，我需要给你报一个作文辅导班吗？"李强说："报不报都行吧，我主要是审题的时候粗心，没有把握好中心。"妈妈对李强竖起大拇指，说："你已经发现了问题所在，这是最重要的，而且也已经掌握了不会的数学题。其实，考试就是一个检验的过程，目的是让你们发现哪里有问题，哪里需要加紧操练。如果达到这个目的，这次考试对于你而言就是有意义的。不过，还需要更为细心，毕竟每一个小小的失误都和成绩相关，所以一定要养成认真审题的好习惯。"李强重重地点点头。

　　妈妈思考片刻，语重心长地说："至于考试排名，有的父母觉得排名不好，我觉得反而是好事情，重要的是，要有端正的心态去面对。你想啊，将来高考之中，就是通过排名去录取的，而不仅仅是根据绝对的成绩值。如果你平日里不知道自己的排名，如何知道自己在众多竞争者之中的位置呢！看到排名之后，再结合考试中的不足之处，有的放矢地查漏补缺，才能更加进步。当然，没有任何人能够保证自己永远得第一，毕竟每个孩子的学习能力和天赋是不同的。重要的在于，要找准自己的位置。例如，你在班级里始终中等偏上，那么如果突然变成中等偏下，就要意识到可能是自己退步了或者是其他人有了比自己更大的进步。虽然班级里的同学远远构不成所有的竞争对象，但是也可以看出相对的位置，这不是很好吗？"听到妈妈这么分析,李强说;"嗯,妈妈,要以积极的心态去面对排名,也要当即行动起来,因为忧愁焦虑都是不能解决问题的。"妈妈再次对李强竖起大拇指。

对于排名,孩子们和父母们都会有不同的心态。有的父母说排名有好处,有的父母心疼孩子要承受这么大的压力,不如不排名。实际上,就像面对天气的晴朗和阴雨一样,不管我们采取怎样的态度,天气都不会根据我们的心情去改变,最重要的在于我们要调整好心情,在晴朗的日子里感受阳光的温暖,在阴雨的日子里享受细雨霏霏的浪漫,这样才能在每一天都拥有好心情,也才能最大限度地调整好心态。

孩子未来的人生之路还很长,青春期,只是刚刚展开人生的画卷而已。不管是压力也好,还是动力也罢,都是每一个孩子必须要面对的。今日,孩子能够端正心态把排名的压力转化为动力和实实在在的行为,未来孩子才能承受工作和生活中更大的压力,才能在人生的道路上始终不忘初心、砥砺前行。

从教育的角度而言,现在的孩子都是家里的宝贝,从小就集万千宠爱于一身,为此他们对于挫折缺乏承受能力,内心也往往非常脆弱。实际上,考试排名对于孩子而言就是一种挫折教育,父母不要抱怨老师总是排名,而是要把教育的重点放在引导孩子正确对待排名上。这样一来,孩子才能接受挫折,也才能更加有的放矢地努力进取。当然,要想让孩子以坦然的心态对待排名,父母首先要端正态度。很多孩子之所以惧怕排名,是因为一旦排名落后,父母就会对他们大发雷霆——轻则训斥,重则打骂。从这个角度而言,孩子因为排名所产生的压力,实际上大部分来自父母。如果父母能够理智对待孩子的排名下滑,并平静地和孩子一起分析学习上出现波动的原因,那么孩子就可以更从容地接纳排名,也会把排名作为学习情况的反馈以积极对待,从而通过排名情况来调整自己学习的状态,鞭策和激励自己再接再厉。总而言之,对于孩子而言,即使学习不排名,未来在人生中也会面对更多、更激烈的竞争,与其逃避、被动对待,不如积极面对、从容应付,这样才能更加身心健康、积极主动地成长起来!

第7章

青春期孩子的身心快速发展和变化，适时引导很重要

　　在青春期，孩子的身心都处于快速发展和变化之中，作为父母，一定要多关注孩子，给予孩子适时的引导。在我国，因为受到传统观念的影响，很多父母都羞于和孩子说起关于性的问题，而青春期正是孩子的性萌芽和发展时期，为此如何对孩子开展性教育很重要。父母要知道，即使父母想要回避或者拖延性教育，孩子也不会因此就放缓成长的脚步，与其等待孩子被动地接受性教育，父母还不如主动及时地对孩子开展性教育，这样才能保证孩子健康快乐地成长。

青春期男孩的生理困惑

升入初一之后,乐乐一直在忙着适应初中阶段的学习和生活,对于自己身体上的微妙改变反而没有那么留心。然而,在升入初二之后,妈妈拿出初一才定制的校服给乐乐穿,结果发现裤子短了一大截。妈妈忍不住惊呼:"哎呀,真是没发现你长高了多少,衣服都小了。当时初一定制校服的时候,我还特意要大了一个码呢!"妈妈认真看着站在眼前的乐乐,这才发现乐乐居然比自己高出半头了,妈妈继续感慨:"哎呀,我都要仰视你了。"乐乐得意地笑起来,和妈妈开玩笑:"好吧,以后我穿小的衣服就给你穿吧!"妈妈也被乐乐逗得哈哈大笑起来。

没过几天,乐乐起床的时候紧张兮兮的,而且把床单扯下来塞到洗衣机里了。妈妈惊讶极了,要知道乐乐从来不管替换床单的事情啊,但是面对妈妈的询问,乐乐脸都红了,只是低着头说:"床单不小心弄脏了!"乐乐上学出门了,妈妈把床单从洗衣机里拿出来检查,在床单上发现一块污渍,赶紧告诉爸爸:"乐乐长大了,有梦遗了。"爸爸很高兴,说:"嗯,真的长大了。"但是,妈妈有些担忧:"咱们是不是该对乐乐进行性教育了,不然他就会自己误打误撞啊!"爸爸说:"这个问题交给我吧,我来说。"妈妈提醒爸爸:"你一定要注意方式方法,不然还挺难为情的。"爸爸当然不会莽撞,而是先在网上下单购买了关于青春期的书给乐乐看,又趁着妈妈不在家的时候和乐乐进行了沟通。乐乐这才如释重负:"我还以为我生病了呢,但是不好意思说,爸爸,你可真是及时雨啊!"爸爸说:"其实,是妈妈提醒我告诉你这些事情的,我们都希望你可以正确面对青春期,避免困感。"乐乐不好意思地笑了，爸爸继续说："现在是新时代，对于很多关于生理和心理的问题，你随时随地都可以咨询我和妈妈，因为我和妈妈都是很开明的，也很愿意为你的成长保驾护航。记住，我们是值得你信任的，也永远是你的坚强后盾，好吗？"乐乐很真诚地对爸爸说："爸爸，谢谢你，也谢谢妈妈，有你们真好！"

进入青春期之后，男孩会面临身体上的很多变化，诸如长出胡须、喉结突出、声音也发生改变、身高体重猛增等，这些还都是可以坦然面对的，也是可以询问爸爸妈妈的。但是对于那些隐藏起来的生理变化，则是很多青春期男孩都不好意思问爸爸妈妈的，诸如，出现性梦，对于异性特别感兴趣，还会陷入性幻想之中，在睡眠状态下会出现遗精现象等。对于这些改变，大多数男孩事先都没有了解，也根本不懂，又因为涉及隐私，所以不好意思询问父母，那么就会陷入很尴尬的情境之中，也不知道自己应该如何面对，去哪里寻找答案。

作为父母，对于青春期男孩的性教育应该提前进行，这样男孩在自己出现相应的青春期变化时，才不会一头雾水，也才能有据可循。很多父母同样不好意思对已经进入青春期、甚至比妈妈还高的男孩进行这方面的教育。实际上，性是孩子成长中必然要面对的问题，也是每个成年人生活中必不可少的一面。只有及时对孩子进行正确的引导和教育，才能帮助孩子避免恐慌，也让孩子更加深入地认知自己的身体。这样做好准备，孩子才会从容面对身心的改变，也才会顺利度过青春期。

很多父母不想孩子过早进入青春期，也担心孩子知道性知识太早，反而会对孩子起到误导作用。其实，这样的想法和观念完全是错误的。不管父母对于孩子的性教育采取怎样的态度和节奏，对于孩子来说，他们的成长都有固有的规律和节奏。也就是说，哪怕父母回避对孩子进行性教育，孩子在进入青春期之后同样会萌发性意识，孩子的身体也会出现符合第二性征的成长与发育。但是，如果父母不能未雨绸缪对于孩子开展性教育，孩子就会自己误打误撞，说不定还因为受到错误的性教育的影响，结果更加糟糕。作为父母，一定要端正态度，在最合适的时间里对孩子进行性教育。唯有如此，孩子才会更加健康快乐地成长，也才能够从容地接受生理上的各种成长和变化。

从小女孩到大姑娘

转眼之间，小菲已经从那个少不更事的小女孩变成亭亭玉立的大姑娘了。升入初一之后，妈妈发现原本特别外向活泼的小菲变得话少了，也常常会陷入沉思之中。妈妈在仔细观察之后发现小菲其他方面都很正常，也就没有把小菲的改变放在心上，相反，她还因为小菲具有大姑娘的沉静之美感到高兴呢！

然而，有一天上体育课回到家里，小菲明显很不高兴。妈妈询问小菲原因，小菲却支支吾吾、扭扭捏捏地不愿意说。妈妈情急之下问小菲："难道是早恋了吗？"小菲的脸都羞红了，对妈妈说："妈妈，你说什么呢？我还是小孩子呢！"妈妈笑起来说："你不是小孩子了，你是一个美少女。那么，美少女，你可以告诉我到底发生什么事情让你这么不高兴吗？"小菲吞吞吐吐地说："今天上体育课了……"妈妈不解："上体育课很好啊，你们不是最喜欢上体育课吗？"小菲不吭声，用手指了指自己的胸部，良久才说："晃来晃去的，同学们都笑了……"妈妈恍然大悟，也赶紧自我检讨："哎呀呀，哎呀呀，我忽略了这件事情。你穿的小背心已经不行了，太松了，要买胸衣，有固定和支撑作用。"说着，妈妈赶紧拿来软尺，开始给小菲测量上下胸围。之前，妈妈虽然看到小菲的身体有曲线了，却没有意识到小菲的胸围已经变大了。经过测量，妈妈才意识到小菲都要穿75B的胸衣了。妈妈赶紧上网帮助小菲选购品牌的胸衣，还用加急快递了呢！果然，穿上胸衣之后，小菲的身材更加挺拔，而且上体育课的时候再也没有被同学们嘲笑过。

青春期女孩身体最显著的变化，就是胸部的发育。从此前的"飞机场"到后来的身材挺拔、身形曼妙，正是因为女孩在青春期胸部不断地发育，胸围越来越大，此外臀部也堆积了更多的脂肪导致的。当然，这不是糟糕的事情，而是非常好的改变，恰恰意味着女孩长大了，也成为一个亭亭玉立的少女。在这种情况下，作为妈妈，一定要及时给女孩选购合适的胸衣，一则可以起到固定和支撑胸部的作用；二则也有利于女孩胸部的发育；三则还可以帮助女孩塑造优美的身形，对于女孩的健康成长有很大的好处。

在胸部发育的过程中，女孩也会感到不适。有些女孩没有太明显的不适，有些女孩则会觉得胸部比较胀痛。尤其是已经迎来月经初潮的女孩，则在月经到来之前，常常会觉得胸部很胀。再加上因为月经到来的腹痛，女孩往往觉得很不舒服。实际上，这都是正常的生理现象，只要注意不挤压胸部，就可以保护好胸部。对于痛经的情况，则可以在月经到来之前喝益母草等活血化瘀的中药，可以有效缓解腹痛。

此外，在青春期，女孩的第二性征也会出现，例如腋窝和阴部会长出毛发。很多女孩觉得这样很丑，实际上，这些发毛是为了帮助女孩的隐私部位保持干燥，也可以起到润滑的作用，有助于减少隐私部位的皮肤因为摩擦而受到伤害。总而言之，女孩在青春期身体会发生很大的改变，作为父母，尤其是妈妈，一定要更加关注女孩在青春期的各种成长和变化，也要给予女孩全方位的保护。

除了身体上的显著变化之外，女孩的心理状态和情感状态也会有微妙的改变。在小学阶段，男孩与女孩之间的界限是非常明确的，不管是男孩还是女孩，都更喜欢和同性相处。但是到了青春期，女孩会对异性产生好感，甚至出现暗恋异性的情况，这都是很正常的青春期情感表现。面对青春期的女孩，父母一定要更加积极地引导女孩，也要全方位关注女孩，这样女孩才能健康快乐地成长。

及时开展性教育很重要

最近妈妈无意间在网络上看到了一个专家讲座，意识到应该对小菲进行性教育了，毕竟小菲已经有过月经初潮，而且身材亭亭玉立，真的是一个大姑娘了。但是，妈妈思忖了好几天，都不知道应该如何对小菲开口。虽然这个工作只能由妈妈来做，然而，妈妈真的不知道如何进行这个工作，只好向爸爸求助。爸爸对妈妈说："这个事情肯定是做在前面比做在后面好，你没看电视上、网络上报道，每年暑假之后，医院里都会迎来少女堕胎的高潮。孩子越来越大，只靠着禁止、管束是不行的，如今的孩子接触到那么多信息，都是早熟的，所以性教育越早越好，至少可以让孩子学会保护自己，避免受到伤害。"妈妈对爸爸的话不以为然："你说的这些我知道，专家比你说得还好呢，我只是想问问你，到底应该怎么跟孩子说。说大道理我也会啊！"爸爸有些幸灾乐祸地看着妈妈："如果咱们家是儿子，现在就轮不到你发愁喽，谁让是闺女呢，只能你发愁！"

妈妈看到指望爸爸没希望，因而就买了几本关于青春期女孩教育的书来看。受到书本上的启发，妈妈决定先给小菲看书，然后再为小菲解答疑惑。如此一来，就把提问的皮球踢给了小菲。但是，小菲看完书之后久久都没有向妈妈提问，妈妈只好趁着爸爸出差的时候，问小菲："小菲，你看我给你的书了吗？"小菲很不好意思地低着头，点点头。妈妈说："那你没有什么困惑吗？"小菲说："哎呀妈妈，我还是孩子呢，没有什么困惑。"妈妈索性横下心来对小菲说："小菲，你没有困惑，妈妈也必须告诉你一些事情。人总有冲动的时候，很多事情事后是没有办法补救的，而且会带来很严重的伤害，所以一定要尽早知道。"接着，妈妈按捺住不好意思，给小菲讲了一些关于性的知识，小菲脸上表现出恍然大悟的神情。

的确，如今的孩子接触到的信息很多，如果作为父母不能及时对孩子开展性教育，那么他们在性意识的萌发状态中，总是想方设法接触更多关于性的知识和信息，一旦受到错误的影响，就会导致更加严重的后果。尤其是对于有女孩的父母而言，作为妈妈，更是应该有的放矢地对女孩开展性教育，帮助女孩了解性知识，也更有效地保护自己。否则，女孩一旦意外怀孕，轻则对身体造成伤害，重则还会导致不孕不育，对于女孩的一生都将产生负面影响。

当然，大多数父母都无法从容地对孩子开展性教育，实际上，这是因为父母没有转变观念导致的。对于青春期孩子而言，开展性教育是必须进行的一项家庭教育，如今也有越来越多的学校对孩子们开展性教育。性，非但不是让人不齿的话题，而且是每个人都应该正确面对的话题，也是社会文明进步的表现。有些父母因为自己不好意思，每当提起性的话题就对孩子遮遮掩掩。殊不知，青春期孩子性意识的发展是不可能被压抑的，与其让孩子被动地去摸索关于性的知识，不如积极大方地对孩子开展性教育，这样孩子才会得到合理的引导和教育，也才能正确面对性，理性处理好关于性的相关事宜。

其实，孩子性意识的萌芽早在青春期到来之前就已经开始。例如，孩子在四五岁的时候，因为对于自我的追溯和生命的好奇，他们会询问父母"我是从哪里来的"。即便面对幼儿的这个问题，很多父母也不能正面面对，而是会敷衍了事地告诉孩子"你是从垃圾堆里捡回来的""你是从天上掉下来的。"对于孩子而言，这不但是一种误导，还有可能形成伤害，曾经就有孩子因为和父母生气，就背起小书包准备去找亲妈妈。明智的父母要慎重对待孩子这个问题，告诉孩子"这个世界上本来是没有你的，但是因为爸爸妈妈相爱，所以我们每个人都贡献出来一个东西，妈妈贡献了卵子，爸爸贡献了精子，这样一来，卵子和精子在鹊桥上相遇，结合在一起，就成为一个小小的你。你住在妈妈肚子里，一直住了 10 个月，吸收营养，不断长大，后来长得太大了，妈妈的肚子容纳不下你了，就去医院找医生和护士帮忙，他们就把你从妈妈肚子里取出来。你每天吃饱喝足就睡觉，不断地成长，就成为现在的样子。"这样生动的讲解，让孩子知道了自己是爸爸妈妈爱的结晶，也让孩子感受到自己的出生是幸福的。等到青春期，再接受性知识的教育时，孩子也会更容易理解和接受。

　　有的时候，青春期孩子对于性感到好奇，也会询问爸爸妈妈类似的问题，那么爸爸妈妈一定不要刻意回避，否则欲语还休的态度反而会激发起孩子的好奇心，让孩子更加迫切想要知道性到底是怎么回事，说不定会以错误的方式解答自己心中的疑问。面对性，父母一定要端正态度，坦然面对，这样一来，才能让孩子更加从容地接受性、了解性，也真正地揭开性神秘的面纱，从而身心健康地成长！

我不想与异性相处

　　有一天，妈妈从市场买菜回家，进入小区的时候，遇到了邻居家的男孩拓拓。拓拓问："阿姨，你家依依最近是不是生病了？有没有上学啊？"妈妈很纳闷，反问拓拓："你为什么会这么问呢？"拓拓说："以前，我总是和依依结伴去学校，我们还在一个班级呢！但是现在升入初一，我们还是在一个学校，但是就开学第一天我们是结伴而行的，后来我就总也遇不到依依。有的时候，我好不容易看到依依，在后面喊她，她还总是走得飞快，根本不愿意等我，我还以为她生气了呢。最近，我又有很长时间没有看到依依了。"听了拓拓这样的描述,妈妈大概知道是怎么回事了,因而告诉拓拓:"放心吧,我回家问问她。你们都是好朋友。"

回到家里,妈妈问依依:"依依,你生拓拓的气了吗?"依依说:"没有。"妈妈问:"我刚才遇到拓拓,他说很久都没有看到你了,还以为你生病没去上学呢!"依依难为情地说:"我以后不想和拓拓结伴上学放学了,同学们会说闲话。"妈妈笑起来,说:"我就知道是这个原因。依依,其实没关系的,你们从小一起长大,还是好朋友。"依依说:"那我也不想和他走得太近,我只想自己一个人去上学。"妈妈对依依说:"好的,妈妈尊重你的选择。不过,如果你看到拓拓,你也可以把情况和他说明,不然他还以为你生气了呢!"依依点点头。

男孩与女孩在一起相处会经历特殊的阶段,那就是青春初期。在青春初期,孩子们从两小无猜到知道男女有别。比起男孩来,成熟更早的女孩会有一段时间里刻意疏远男孩。细心的父母也会发现,男孩和女孩再也不像小时候那样无所猜忌、无拘无束地在一起玩耍。从心理学的角度来看,这个特殊阶段叫作异性疏远期。在度过这个阶段之后,男孩与女孩都进入青春期的中期和末期,他们又会对异性产生好感,想要和异性亲密接触,这是性意识的萌芽和发展导致的,因此这个阶段的孩子们很容易早恋,父母也要理解孩子的心理和情感发展轨迹,从而避免对孩子产生误解。

实际上,青春期孩子与异性交往是很有必要的。如果孩子在成长过程中从来不与异性相处和交往,那么等到长大成人之后,他们在与异性相处中也总呈现出非正常的状态,无法做到从容和自如。为此,当发现青春期孩子刻意疏远异性的时候,父母要给孩子时间去经历异性疏远期。如果孩子在异性疏远期之后,还是表现出对于异性的疏远与隔阂,父母就要有的放矢地引导孩子与异性相处,也可以鼓励孩子多多接近异性,熟悉和了解异性。归根结底,孩子不可能永远生活在真空环境中,他们终究要成长,也会融入人群之中,成为社会的一员。那么,他们就要学会与异性相处,也要学会与形形色色的人相处。

很多父母误以为性教育会对孩子起到误导作用。实际上，德国医学家布洛赫曾经指出完善的性教育拥有正确的性观念和性态度，认为性和人的其他本能需求一样是出乎自然、合乎情理的。孩子只有接受完善的性教育，才会对两性关系有更加正确的认知，也才会对于生命有更加深入的理解和感悟。当然，青春期的孩子情绪容易冲动，感情也很敏感细腻。作为父母，首先要端正自身的态度，才能正确引导和教育孩子。此外，在孩子与异性相处的过程中，父母还要给予孩子适度的引导，也要教会孩子如何与异性相处。这样一来，孩子才能正确与异性相处，并发展健康良好的友谊。

我只想与异性相处

和之前故意躲着拓拓不同，自从升入初二，妈妈发现依依和拓拓也走得太亲近了。每天早晨去上学，他们之中先到小区门口的那个，即使冒着迟到的风险，也会等着另一个到来，再一起有说有笑地朝着学校走去。下午放学的时候，他们也是这样，为了在放学人多的情况下好找到对方，也为了避免同学们说三道四，他们还专门约定在学校大门不远处的一个路灯下见面。那个路灯有编号，为此他们放学的时候要想提醒对方，就以编号作为暗号。别的同学根本听不懂他们在说什么，他们却心知肚明，默契地笑一笑。

看着依依沉浸在与异性亲密相处的美好之中，妈妈想要点破依依与拓拓保持距离，却又担心自己如果说得不好，反而会导致依依产生叛逆心理，与拓拓走得更近。思来想去，妈妈还是选择了沉默。有一个周末，妈妈和依依一起看相亲类电视节目《非诚勿扰》，当有一个女嘉宾说的话引起争议的时候，妈妈也和依依展开了探讨。借此机会，妈妈对依依说："青春期真的非常美好，记得我16岁的时候，班级里有男生和女生恋爱，现在想起来，那种感觉太美妙了，那种爱情就像雪花纤尘不染。"依依饶有兴致地问妈妈："妈妈，有男生喜欢你吗？"妈妈夸张地说："当然，我这么优秀，一定会有男生喜欢我啊。不过，我当时太傻了，拒绝了男生的追求。实际上，当个朋友也好啊，因为和异性当朋友与和同性当朋友是截然不同的感受。"依依对于妈妈的这句话非常认同，说："的确的确，拓拓就很不一样。我们班级里的女生都特别娇气，说起话来还学着林志玲的样子娇滴滴的，我特别不喜欢。最重要的是，她们很爱生气，不知道什么时候她们就生气了，和她们玩真是累死了。拓拓就不这样，拓拓很大气，也不小心眼儿，还经常让着我呢！"妈妈借此机会对依依说："对，男生和女性的性格是不同的。你与拓拓当朋友和与女生当朋友感觉也是不同的。不过，我记得你去年还躲着拓拓呢，可以告诉妈妈今年为何愿意和拓拓当朋友了呢？"听到妈妈的提问，依依不好意思地笑起来："去年，我就是不想搭理拓拓。今年不知道怎么回事，我觉得拓拓挺好的，不过我不是只觉得拓拓好，我觉得班级里其他的男生性格也都挺好的。"听了依依的回答，妈妈笑起来，说："其实，异性之间就像磁铁的不同极一样，也是相互吸引的。尤其是对于青春期孩子而言，情窦初开，喜欢与异性相处也很正常。歌德都说过——'哪个少女不善怀春，哪个少男不善钟情'，只要把握好度，保证学习，异性的友谊同样可以非常美好。"依依依稀感觉到妈妈的意思，不好意思地点点头。

当发现女孩突然对异性产生兴趣，而且只想与异性相处，不愿意与同性相处时，父母一定是会感到焦虑的。尤其是妈妈，一想到女孩早恋有可能导致的严重后果，更是会非常紧张、恐惧。甚至有人说，异性之间根本没有真正的友谊。不得不说，这样的说法也是有失偏颇的。实际上，友谊从不挑剔友好的双方是异性还是同性，只要能够彼此志同道合，也有共同的理想、兴趣等，能够谈得来，做事情搭配协调，就是让人羡慕的友谊。

作为父母，一定不要过度强求孩子必须远离异性，当孩子与异性相处，并且结交朋友的时候，父母要怀着淡然的态度，从容面对。要记住，真正的友谊无处不在，当孩子怀着真诚的心与异性相处，就可以与异性之间建立友好的关系，形成深厚的情谊。只要父母不误解这份友谊，那么异性的友谊就可以继续良好地发展下去。

当发现孩子对于异性特别感兴趣，尤其是和某一个异性关系走得很近的时候，父母可以引导孩子多参加集体活动。在集体活动中，既有异性也有同性，因而孩子把会对于某一个异性的关注度降低，而把更多的时间和精力用于与更多的异性相处。这样一来，孩子结识更多的异性，也就不会被异性所共有的特质吸引。此外，在孩子与异性相处的过程中，父母还要多引导他们，从而让他们把握好合适的度，协调好与异性之间的关系，这样才能保持友谊之树常青。

不管是男孩还是女孩，随着不断地成长，他们的社交圈子也会越来越大，认识的人也越来越多。在这种情况下，父母要帮助孩子形成安全意识，告诫孩子不要和异性单独相处和接触，也不要跟随异性去陌生封闭的场所。所谓"害人之心不可有，防人之心不可无"，当孩子有了安全意识，才能更加有效地保护自己。总之，父母不可能永远保护和庇佑孩子，一定要教会孩子如何保护自己。

手淫，让孩子感到羞耻

高歌的爸爸妈妈都是高级知识分子，对于高歌从小就严加管教，为此每一个见过高歌的人，都说高歌是真正的大家闺秀。高歌不但素质和涵养很高，而且在学习上也始终出类拔萃，为此爸爸妈妈都把高歌当成骄傲，也常常自豪地向着别人介绍:"这是我的女儿——高歌。"然而,最近这段时间以来,妈妈发现原本已经到了初三应该努力冲刺的高歌,却常常表现出一副精神涣散的模样。妈妈一开始以为高歌早恋了,后来经过调查和推理,确定高歌没有早恋。那么,高歌为何会这样精神恍惚呢?

有一个周末,高歌急着和好朋友一起去看电影,正写着日记呢,接到好朋友的电话就急急忙忙出了家门。妈妈看着高歌打开的日记本,又想起高歌最近精神恍惚的样子,终于忍不住翻开高歌的日记本。真是不看不知道,一看才知道高歌是怎么回事。原来,自从有一次在网络上看到黄色的网页和不堪入目的文字描述与图片之后,高歌就染上了手淫的坏习惯。高歌还在日记里写道,她很喜欢有东西摩擦私处的感觉,所以她每次骑着自行车都感到很兴奋。妈妈不由得面红耳赤,也因为高歌的行为感到耻辱。她第一反应就是要狠狠地骂高歌,但是转念一想:青春期女孩这么敏感细腻,不能轻举妄动。妈妈继续翻看日记,发现高歌也很苦恼,不知道如何才能控制住手淫的欲望。

青春期孩子为什么会手淫呢?看起来,事例中高歌之所以手淫,是因为在网页上浏览了黄色网页,看到了不堪入目的图片和文字描述。实际上,这只是表面的原因,深层次的原因是高歌已经进入青春期,性意识开始萌芽和发展,所以她才会产生对于性的渴望,这是完全正常的生理需求。那么对于青春期孩子手淫,父母也要端正态度,不要觉得孩子手淫就是道德品质恶劣,而是要透过孩子手淫行为,了解孩子深层次的性意识发展和性需求。实际上,孩子从很小的时候就会有性追求,只不过年幼的孩子是无意识进行手淫的,既没有成年人进行性行为的明确意识,也没有成年人进行性行为的生理反应。如果一定要对幼儿手淫作出定义,那么不如说这是幼儿的一种无意识游戏。

进入青春期之后,孩子的性意识越来越强烈,为此他们的手淫行为也从无意识变成有意识,但是孩子们并不一定能够准确认识到性是正常的生理反应，反而因为受到传统思想的影响，觉得自己做出手淫的行为是品质恶劣的，是该受到道德谴责的。为此，青春期孩子在发生手淫行为之后，内心也是非常痛苦且承受巨大压力的。作为父母，要想缓解孩子手淫的现象，首先，应该端正孩子对于手淫的认识和态度，从而让孩子减轻内心深处的负罪感。其次，父母还应该让孩子认识到适度手淫是青春期正常的生理反应，但是过度手淫会导致精神恍惚、内疚不安等负面情绪的发生，是不利于成长的，为此让孩子可以理性地控制手淫。最后，父母无须对于孩子的手淫行为感到如临大敌，只要适度引导即可，否则过度地强调和禁止，反而会让孩子变本加厉。当发现孩子手淫的行为比较严重时，父母还可以转移孩子的注意力，例如，带着孩子去爬山、去旅游，从而释放孩子多余的精力，让孩子累得没有精力去想不该想的事情；还可以鼓励孩子结交朋友，经常与朋友一起看电影，进行户外运动，这些对于缓解孩子的手淫行为都有很大的帮助。总而言之，父母不管采取哪一种方式缓解孩子的手淫行为，都要以尊重孩子为基础，而不要因此就断言孩子道德品质恶劣，否则就会使孩子变得非常沮丧、颓废。

此外，父母还应该未雨绸缪对孩子进行性教育，让孩子知道自己在青春期将会面临哪些身体变化、心理变化和情绪情感变化，这样孩子才能做好心理准备迎接未来的到来，也才能更加从容地度过青春期！

性梦，从不了无痕

最近，妈妈发现拓拓有些神神秘秘的，有一天晚上，还喊着依依的名字从睡梦中惊醒。妈妈问拓拓怎么了，拓拓却支支吾吾地回答："我梦见和依依一起去上学，路上突然冲过来一辆汽车，差点儿撞到依依。"妈妈知道拓拓经常和依依一起上学和放学，为此对于拓拓的话也就没有放在心上。然而，有一天晚上，妈妈又被拓拓呓呓唧唧的声音惊醒，她走到拓拓的房间里，看到拓拓满面潮红，而且还是小声呼唤着依依的名字，妈妈突然间意识到拓拓在做梦，又联想到拓拓梦的内容，赶紧离开了，生怕拓拓如果醒来会看到她。

　　次日是周末，拓拓没有上课，在家里休息，但是妈妈看到拓拓一整天都神秘兮兮的，而且吃了午饭，居然开始睡午觉。要知道，拓拓从来不睡午觉。拓拓把房间的门关得严严实实的，还反锁起来了。妈妈更加确定自己的猜测，因而对爸爸说："拓拓最近很奇怪啊，你发现了吗？"爸爸不以为然："青春期的孩子不都这样吗，神秘兮兮的，你也不要太神经过敏了！"妈妈说："他好像最近经常梦到依依……"爸爸一下子想到妈妈话里的意思，说："你躲开点儿，不要让他睡醒了一睁眼看到你站在床前，那会吓到他的。"妈妈问："那该怎么办呢？频繁地做梦，不好吧？"爸爸说："发泄出多余精力就好了。"果然，到了又一个周末，爸爸给拓拓报名参加了户外真人CS。拓拓在比赛中跑来跑去，也因为精神非常紧张，所以游戏结束后回到家里就洗洗睡了，一觉睡到天亮。次日，爸爸问拓拓："拓拓，昨晚睡得香吗？"拓拓点点头，说："昨天晚上前所未有的好睡眠，我觉得自己似乎躺在床上一闭眼就睡着了，再一睁眼，就已经天亮了。"爸爸说："这就是累！只有累，才能睡得香；只有饿，才能吃得香。下周还去，怎么样？"拓拓欢呼雀跃，举起双手表示赞成。趁着拓拓不注意的时候，爸爸妈妈相视而笑。

　　很多青春期男孩都会做性梦，尤其是在喜欢上某个女孩之后，他们的性梦会更加频繁。当然，偶尔做性梦是没有关系的，所谓"日有所思，夜有所梦"。孩子白天对于心仪的女孩非常想亲近，到了夜晚睡眠中无意识状态下，自然还是会想着女孩，也就会不知不觉地梦到女孩。然而，凡事皆有度，过犹不及。如果经常做性梦，并且会影响白天的精神状态时，父母就要引导孩子发泄出多余的精力，从而让孩子拥有一夜无梦的好睡眠。就像事例中的爸爸一样，在得知拓拓经常做梦梦到依依之后，爸爸不动声色，而是带着拓拓去打真人 CS。很多男孩都喜欢玩游戏，拓拓也是如此，所以他对于爸爸的行为没有产生疑心，而是全身心投入地和爸爸玩，结果身体疲惫，回到家里就睡了一个连梦都没有的好觉。不得不说，爸爸的方法的确很管用，而且效果非常好。

有的青春期男孩在做了性梦之后非常害怕，觉得自己是个下流的孩子，为此更加紧张恐惧。实际上，性梦之所以产生，是因为孩子们对于生命的本源产生了强烈的好奇，也因为性意识的发展而对于性变得更加渴望和憧憬。因此，在无意识的状态下，大脑就会继续活动，从而因为白天的所思所想而做出相对应的梦。对于性梦，孩子应该端正态度，不要觉得性梦就是道德败坏的，而是要认识到性梦是青春期正常的生理反应和心理活动。当频繁性梦影响到正常的学习和生活时，孩子就应该向父母求助。作为父母，同样要端正对于性梦的认识，不要因为孩子做了与性有关的梦，就否定和批评孩子，甚至贬低和侮辱孩子。父母唯有尊重孩子、理解孩子，才能配得上孩子的信任和托付；同时，父母也要积极主动地帮助孩子缓解对于性的渴望，帮他发泄多余的精力，从而帮助孩子顺利度过青春期的性冲动期。

性，与人生之中的其他正常生理活动一样，是出乎自然、符合需求的。当孩子在青春期表现出性意识的萌芽，表现出对于性的强烈渴望时，父母要尊重和理解孩子，也要以适当的方式帮助孩子转移注意力，从而缓解性欲望，更加身心健康、轻松快乐地成长。

第8章

在青春叛逆期，亲子关系又该何去何从

青春期的孩子主意很大，作为父母，如果不能找到合适的方式与孩子相处，那么就会与孩子之间因为观念的分歧、对于人和事物看法的不同，甚至是因为选择的不同，而产生各种各样的矛盾和争执。在孩子进入青春期的时候，有些晚育的父母甚至已经步入更年期，可想而知，中年父母面对青春期的孩子都感到头疼，更何况是当更年期撞上青春期呢？因而，作为父母，一定要谨慎处理好与青春期孩子之间的关系。

父母与孩子会注定渐行渐远吗

暑假第一天,爸爸清晨6:30就去敲门,喊乐乐起床。乐乐睡得正香呢,完全把爸爸前一天说要跑步的事情忘到脑后了,因而被爸爸吵醒,他很恼火:"爸爸,干吗呀?今天放暑假啊!"爸爸说:"我知道今天放暑假,平日里上学不都已经养成6:30起床的好习惯了嘛!那就继续坚持,不去上学,就去跑步。"乐乐简直要崩溃了说:"你还让人不让人活了,这是暑假,连睡觉都不给睡吗?平时上学都快困死了!"爸爸一听火冒三丈:"有意思吗?必须跑步,没得商量,我昨天不就告诉你了嘛!"乐乐索性起床把房间门上的钥匙拔下来,还把门关上。爸爸也火冒三丈,开始使劲儿地捶门,还要挟要把门踹开。正在睡梦中的妈妈被惊醒,赶紧过来充当"救火员",把爸爸拉走了。

爸爸气鼓鼓地说:"这个家伙无法无天了,连他老子都不放在眼里了,必须严厉批评。"妈妈安抚爸爸:"孩子长大了,有自己的小心思了,你就不要总是盯着他了,给他一点儿自由。就算早晨不起床跑步,白天去打篮球也是可以的,你为何要逼他呢!"爸爸说:"玉不琢不成器,早起跑步是为了磨炼他的意志。"妈妈忍不住笑起来:"你就算要去雕琢他,也要与他搞好关系,他才能心甘情愿被你雕琢吧。否则,你总是这样与他吵来吵去,父子都做不成了,还怎么雕琢他呢!"这个时候,爸爸的情绪平静一些了,无奈地对妈妈说:"难怪龙应台说父母子女一场是渐行渐远呢,这翅膀还没硬呢,就已经远出三里地去了!"妈妈被爸爸逗得笑起来。

家庭是社会的细胞,整个社会要想和谐有序发展,就一定要保证家庭稳定，否则如果家庭作为最小的社会单位都动荡不安，社会又如何能够平稳有序地发展呢？实际上，当孩子处于青春期，父母依然在亲子关系中占据主导地位，起到重要作用，明智的父母不会和孩子针锋相对，而是会更加尊重孩子，毕竟孩子在青春期自我意识不断发展，而且情绪非常敏感。在这种状态下，如果父母继续强迫孩子或者强制要求孩子，则一定会激起孩子的叛逆心理，导致原本可以和平解决的问题变得更加糟糕。

很多父母因为自己度过青春期的时候没有得到父母的用心对待，所以也理所当然地认为所有孩子都没有青春期。实际上，如今的孩子成熟更早，而且能够接触到更多的信息，为此他们的青春期是更加来势汹汹的。作为父母，一定要提前了解孩子在青春期有可能面对的困惑，也要和孩子一起做好迎接青春期到来的准备，这样才能有的放矢地帮助孩子度过青春期，也让孩子内心安然、充实。

作为父母，不要总是对孩子摆出一副高高在上、不可一世的姿态。正如意大利大名鼎鼎的教育家蒙台梭利所说的："儿童是成人之父。"作为成年人、作为父母，我们或许可以引导孩子成长，但是绝不是总是对孩子指手画脚、颐指气使。父母只有怀着谦虚的态度和孩子一起成长，与孩子携手并肩前行，才能成为孩子成长道路上最好的陪伴者，也才能赢得青春期孩子的尊重、信任与爱。

为了拉近与孩子之间的距离，父母有很多事情可以做。例如，在听到孩子满口都是新鲜的流行语，自己却听不懂的时候，父母可以虚心向孩子求教。再如，在孩子学会了一款新的游戏并且玩得不亦乐乎的时候，爸爸可以充当学生的角色向孩子学习，这样一来，就可以得到孩子的指导，也可以在此过程中更加了解和亲近孩子。作为父母，为了避免招致孩子的反感，还应该更加理解孩子、尊重孩子。唯有如此，才能打开孩子的心扉，走入孩子的内心，与孩子成为灵魂的共鸣者。总而言之，父母作为亲子关系的主导者，不要总是抱怨孩子与父母渐行渐远，而是要更加尊重孩子、发自内心地平等对待孩子，这样才能与孩子之间有更好的沟通与互动，也才能与孩子真正做到心灵交融，彼此信任和托付。

离家出走，父母心中永远的痛

这次期中考试，小雪没考好，在拿到成绩单的那一刻，她就非常担心，耳边回想起考试之前爸爸妈妈对她的叮咛："小雪，你今年已经是初二了，正是初中三年最关键的时刻，一定要跟紧老师的教学进度，保证每天都要掌握老师所教授的内容，这样才有时间去复习，也才能取得好成绩。爸爸妈妈可还指望着你考上名牌大学，给家里增添荣耀呢！"小雪为了让爸爸妈妈高兴，也让爸爸妈妈放心，当即对爸爸妈妈表态："放心吧，爸爸妈妈，我一定会非常努力的，不会让你们失望！"看着手中的成绩单，小雪不知道回到家里该如何面对爸爸妈妈。思来想去，她决定不回家，四处流浪。

和往常一样，小雪放学之后就背着书包朝着家里走去，但是她在走到第一个岔路口的时候，没有继续沿着回家的路往前走，而是选择拐弯去了公交车站。小雪没有那么多钱，不能去长途车站，就选择了一条线路最长的公交车乘坐。傍晚时分，爸爸妈妈回到家里，没有看到小雪和往常一样在写作业，还以为小雪被老师留在学校了呢，因而赶紧给老师打电话。得知班级里正常放学，爸爸妈妈不免有些慌了。一开始，他们以为小雪在路上遭到意外，为此沿着小雪放学回家的路去学校，一边走一边寻找。然而，找到学校，他们也没有看到小雪。只好又给老师打电话，爸爸突然想到小雪前几天说要期中考试，为此问老师期中考试的成绩出来没有。得知小雪考试没考好，爸爸想起自己和妈妈曾经在考试前对小雪的叮咛，忍不住喊道："糟糕！"爸爸火速赶往派出所，然而派出所人员说失踪不足24个小时不能立案。爸爸央求派出所的同志调看路口的监控录像，这才发现小雪上了公交车。爸爸妈妈赶紧驱车去找，还动员了亲戚朋友也都开车沿着公交线路去找。后来，通过朋友在公交车公司调出来的数据，确定小雪是在马坊站下车了，爸爸妈妈火速赶去。马坊站靠着一个村子，这个时候亲戚朋友们也都赶到，大家四散开来寻找。最终，小姨在村子里小学的门口找到了蹲在地上的小雪。小姨一把把小雪抱在怀里，嗔怪小雪："你这个孩子怎么回事啊，考试考不好也不用离家出走啊，你要是有个三长两短，你妈妈可怎么活！"小雪说："小姨，我考试考不好，我妈妈才没法活。"小姨忍不住抽泣起来："你这个傻孩子，在爸爸妈妈心里，你才是最重要的。"小姨一边紧紧地抱着小雪，一边打电话通知小雪的爸爸妈妈。在见到小雪的那一刻，妈妈如同疯了一般扑上去，把小雪死死地抱在怀里。

孩子离家出走，是父母心中永远的痛，如果有惊无险倒也还可以弥补，但是如果孩子再也回不来，那么父母一辈子都不会原谅自己。人人都说家是最温馨的港湾，孩子为何会选择离开港湾，宁愿面对未知的危险，也不愿意面对爸爸妈妈呢？就像事例中的小雪一样，她误以为爸爸妈妈最看重的是她的成绩，而不是她，所以她才会在考试不理想的情况下选择离家出走。父母为何会给孩子这样的错觉？这是每一位父母都应该深思的。作为父母，难道不应该是孩子绝对信任的人吗？如果孩子在遇到问题的第一时间没有想到要向父母求助，而是选择离开家，从而让自己和父母都承受伤痛，这无疑是作为父母最大的失败。

离家出走，并非孩子所想象的那么简单，不是想走就能走，想回就能回的。社会中有很多未知的危险，孩子一旦离开家，离开学校，就会置身于危险之中。有些青春期孩子觉得自己已经长大了，有能力抵御外界的危险，却不知道危险无处不在。当孩子表现出离家出走的苗头或者已经出现离家出走的行为又回归的时候，父母一定要慎重对待。很多父母因为害怕孩子离家出走，就选择对孩子妥协。殊不知，这会导致孩子看到父母的软肋，以此要挟父母。要想打消孩子离家出走的念头，让孩子断绝离家出走的想法，父母要尊重和信任孩子，不管出现什么问题，都能怀着积极的态度去帮助孩子解决，这样才能得到孩子的信任，也才能让孩子意识到家才是永远温馨的港湾。

此外，父母要明确一点：如果孩子喜欢回家，他们是不会离家出走的，所以每一个离开家的孩子都是讨厌回家或者害怕回家，才会无奈地选择离家出走。此时，父母就要反问自己，是什么让孩子害怕回家呢？是因为家里没有温暖、没有民主的环境，让孩子感到非常压抑。弄清楚这一点，父母就知道要如何改变家庭留给孩子的印象。最后，父母还应该让孩子开阔眼界、增长见识，也可以适度给孩子看一些社会上的负面新闻，让孩子知道未成年人走入社会是多么危险，绝不像他们所想的那样只要去工地上搬砖就能养活自己。

当孩子真的做出离家出走的行为，父母要真诚地接纳孩子，即使孩子是自己回来的，父母也不要因此嘲笑或者挖苦、讽刺孩子。总而言之，孩子离家出走的原因一定出在父母身上。作为父母，要给孩子温馨的港湾，要给孩子可以依赖的家，这样孩子才会在各种情况下选择回归家庭，选择信任父母。切记，对于第一次离家出走回来的孩子，父母既不要过于顺从孩子，更不要满足孩子的无理要求，要双管齐下，对孩子进行安全教育，让孩子远离社会上的各种危险。唯有恰到好处的教育，才能让孩子摆脱成长的困境，彻底忘记离家出走这条下下策——甚至有可能是有去无回的人生之路。

打开孩子心扉，赢得孩子信任

一直以来，乐乐都是乖巧懂事的孩子。但是在初二的时候发生了一件事情，因为乐乐和班委之间发生矛盾，而老师又明显地偏向和维护班委，导致乐乐愤愤不平，与老师发生争吵，而且还在同学群里辱骂了老师一句，又被有的同学截屏告诉老师。这一连串的事情都是在一天多的时间里发生的，因为乐乐回家也未和爸爸妈妈说起老师偏向班委处理问题的事情，所以爸爸妈妈对于乐乐的心理状态毫不知情。直到次日乐乐在同学群里骂老师的事情发生，老师给爸爸打电话，爸爸才知道。爸爸第一时间就向老师道歉，毕竟不管孩子多么有理，骂老师就是不对的。挂断电话，妈妈非常担心，为此让爸爸赶到学校去和老师沟通，又把乐乐接回家里。当时是早晨，乐乐独自去学校才一个小时。妈妈对爸爸说："乐乐正在青春期，情绪很容易冲动，就算是今天不上课，也不能让他在冲动状态下与老师对峙。我一则担心矛盾激化，二则也担心老师言语刺激，会导致乐乐做出冲动的举动。"爸爸认为妈妈说得很有道理，第一时间赶往学校，把乐乐接回家。

乐乐以为爸爸妈妈一定会劈头盖脸打他一顿、骂他一通，但是爸爸妈妈的反应出乎乐乐的预料。妈妈非常平静地问乐乐："你可以把整件事情的经过讲给我们听吗？我和爸爸都认为你是很懂礼貌的，骂老师必然事出有因。"看到爸爸妈妈的态度，乐乐才开始讲述整件事情的经过。妈妈不时地提醒乐乐要客观讲述，还原真相，乐乐也极力做到客观陈述。听乐乐叙述完整件事情，妈妈意识到老师的确有所偏袒，但是作为学生肯定是不能骂老师的。为此，妈妈开始做乐乐的思想工作，让乐乐意识到教师的职业是很神圣的，作为学生，一定要尊重老师，而不能因为任何原因就骂老师，更不能在全班同学都在的同学群里骂老师。一开始，乐乐不能接受妈妈的观点，但是既然妈妈一开始就在很好地和他沟通，所以他也很平静。这样的沟通进行了5个小时，乐乐才认识到妈妈所说的道理，也意识到自己骂老师是错误的，表示愿意向老师道歉，给老师写检讨书。与此同时，妈妈也告诉乐乐："老师是人，不是神仙，不可能在每个方面都做得特别好。你要学会接纳老师的不足，但是还是要尊重老师。人非圣贤，孰能无过。而且老师偏袒班委也是正常的，因为班委要负责帮助老师维持秩序。"如此多方面认可乐乐的情绪和判断，在此基础上再去疏通乐乐的情绪、解开乐乐的心结，妈妈觉得自己这一天下来，简直就像在进行一场心理上的博弈。然而，看到乐乐的情绪恢复平静，也表示愿意采纳妈妈的建议接受老师的批评，妈妈这才放下心来。

从这件事情之后，妈妈敏感地觉察到她与乐乐的关系改善了。以前，乐乐因为叛逆，总是与妈妈唱反调，但是自从解决这次与老师的矛盾之后，乐乐变得更愿意听妈妈的话，更希望与妈妈沟通和交流。妈妈感慨地和爸爸说："从这件事情的处理中，乐乐意识到我们作为父母的态度是理解和维护他的，所以才会变得信任我们，这是一个好的开端。"

在这个事例中，妈妈之所以能圆满解决好问题，做通乐乐的思想工作，就是因为妈妈先是认可了乐乐的情绪，也客观评价了乐乐与老师之间发生矛盾的原因、结果。这样一来，就有效平复了乐乐的心情，也让乐乐能够带着信任与妈妈进行沟通。

毋庸置疑，青春期孩子的情绪很容易冲动，内心也敏感脆弱，又因为得不到父母的理解，所以他们才会把自己的心扉关闭，也不愿意与父母进行过多的交流。很多父母都有这样的经验，那就是当父母苦口婆心劝说孩子的时候，往往说得口干舌燥，孩子却嗤之以鼻。不得不说，这是孩子独立意识越来越强、也更有主见导致的，但是父母不能因此对孩子放手，因为青春期孩子虽然不断成长、心智走向成熟，但是并没有达到成年人的成熟程度。为此，他们常常进入各种误区，也常常犯各种错误，父母必须承担起孩子监督者的角色。有人说，孩子处于青春期，正是从少年到成年的过渡，那么父母就要全力以赴为孩子站好这一班岗，才能让孩子健康快乐地成长。

看到这里，相信有很多父母也会感到困惑和委屈：我们是愿意亲近孩子的，孩子却不愿意亲近我们，连话都不愿意和我们说，我们能怎么办呢？孩子不愿意和父母沟通，绝大多数是因为父母不了解孩子，常常不分青红皂白就否定和批评孩子，也就会导致孩子对父母失去信任，根本不愿意和父母沟通。可想而知，亲子关系虽然亲密无间，但是也要符合普通人际关系的原则，那就是建立在顺畅沟通的基础上。作为父母，要想建立良好的亲子关系，就要真正尊重和平等对待孩子，也要敞开心扉接纳孩子。人与人的关系总是相互的，当父母做到这一点，孩子也就会更加理解和信任父母，从而保证亲子沟通顺畅、亲子感情深厚，也能保证孩子愿意对父母敞开心扉，毫无保留地说出自己的真心话。作为父母，不要再抱怨孩子与自己渐行渐远，而是应该靠近孩子、温暖孩子，也感动孩子。

不唠叨，也能沟通

阳光正在读小学六年级，已经步入了青春初期。最近，阳光放学之后特别不想回家，因为他很惧怕爸爸的唠叨。有的时候，阳光也会觉得纳闷：别人家里都是妈妈唠叨，为何我家里就是爸爸唠叨呢？然而，阳光知道自己无法改变爸爸的唠叨，就只能逃避，放学之后留在学校里写作业，而不愿意回到家里面对爸爸。渐渐地，妈妈发现了阳光的异常，问阳光："阳光，你怎么放学不回家呢？自己在学校里不安全，而且天黑再回家路上也不安全。"一开始，阳光说喜欢在学校里写作业，被妈妈追问得急了，他才说："回家被唠叨死。"看到阳光这么反感爸爸，妈妈也和爸爸进行了好几次沟通。爸爸却依然故我，总是对阳光提出很高的要求，也总是说阳光现在的生活很幸福，又抱怨阳光不知道珍惜。

有一天，阳光觉得妈妈做的饭菜咸了，爸爸马上开始说教模式："你知足吧，我们小时候根本没菜吃，咸菜都得省着吃……"爸爸才说了一句，阳光就放下碗筷回房间里看书了，妈妈忍不住抱怨爸爸："你怎么跟唐僧一样呢？孩子就是说菜咸了，你就给孩子安上抱怨的罪名，说不定孩子只是想提醒我下次做菜少放点盐呢？而且你总是说你小时候怎么样，那你要是有本事，你把孩子送回你出生的年代忆苦思甜呗，总是这么说有什么意思，除了招孩子反感，还能有什么用？"爸爸被妈妈一通教训，也意识到自己可能对阳光说话的方式不对。妈妈控制情绪对爸爸说："以后，对孩子说的话，如果说过一次两次不管用，就不要再说第三次了，因为说第三次的时候就会有反作用。实在想说，就动动脑筋想想怎么说才能奏效，这样还少被孩子反感。"后来，妈妈还买了一些关于青春期叛逆的书籍给爸爸看，爸爸学习了一些与青春期孩子相处的方式，渐渐地改掉了爱唠叨的坏习惯。

孩子进入青春期，独立自主的欲望越来越强烈，为此最讨厌父母唠叨。从心理学的角度而言，当父母对孩子唠叨太多，就会激发起孩子的逆反心理，也会导致孩子发生"超限效应"，非但不会把父母的唠叨放在心上，反而还故意与父母对着干，惹父母生气。显然，这样的情形是父母不愿意看到的。那么，作为父母，就一定要管好自己的嘴巴，做到不唠叨，对孩子的管教一字千金、一言九鼎。

众所周知，孩子在青春期的情绪是复杂多变的，他们或者多愁善感、郁郁寡欢，或者精神振奋、兴奋不已，又或者无精打采、垂头丧气……要想有效安抚孩子的情绪，事半功倍地与孩子沟通，父母就要了解孩子的心理，也要洞察孩子内心深处真实的想法，这样才能把话说到孩子的心里去，也才能有的放矢地缓解和疏导孩子的情绪。

话不在于多，而在于精。毕竟对于青春期孩子来说，"十万个为什么的时代"已经过去，他们踏入了成长过程中崭新的阶段——青春叛逆期。遗憾的是，很多父母还停留在孩子小时候的"话痨"阶段，误以为孩子一定是愿意与父母沟通的。殊不知，对于青春期的孩子而言，他们惜字如金，不管是自己说话还是听别人说话，都希望可以把好话说得精妙而又恰到好处，唯有如此，他们才愿意说，也才愿意听。作为青春期孩子的父母，还应该注意避免神经过敏。很多父母面对孩子的青春期感觉如临大敌，总是对孩子的一言一行都特别敏感。殊不知，青春期没有父母所想得那样波澜不惊，也不会像父母所想得那样惊涛骇浪。不管是父母还是孩子，只要做到从容面对，就可以调整好心态，顺利度过孩子的青春期。

如何与孩子越走越近

作为一个"望子成龙"的妈妈，张薇的单位离学校很近，因此她经常会在下班的时候等候在学校门口，只为了能够与下班的老师顺道聊上几句。然而，老师却不想和张薇聊天，因为张薇对于儿子张单除了抱怨就是批评，非常吝啬给予张单一句认可和赞赏。

有一天，张薇在路上和老师并肩而行，对老师喋喋不休地抱怨着："您不知道，我家张单简直没有任何优点，除了会给我惹麻烦，简直就没有片刻时间能让我感到欣慰的。每天晚上写作业，我都得看着他。您说说，有没有什么办法能让孩子主动完成作业呢？"老师说："张单虽然学习成绩不是特别优秀，在班级里也是中上等，应该不会需要这么紧盯着吧。在学校课堂上，我觉得他回答问题还是很积极的。"然而，张薇对老师的话充耳不闻，继续抱怨："他就是随了他爸爸，没有任何地方像我。我上学的时候，从来不让家长操心，从来不让老师犯愁……"对于张薇和前夫的事情，老师是知道一些的，因而张薇的话还没说完呢，老师就打断道："张单妈妈，我觉得您既然离婚了，带着孩子过，就不要总是在孩子面前说起他爸爸的不好，更不要总是当着孩子的面说他和他爸爸一样。这样一来，孩子会觉得您是排斥他的。其实，您可能不知道，父母的评价对于孩子非常重要。当然，您的家庭条件比较特殊，孩子和爸爸接触比较少，那么您的评价就对孩子很重要。作为父母，我们要多多认可和激励孩子，而不要总是抱怨孩子。青春期的孩子非常敏感，自尊心脆弱，他们是会有明显感觉的。"被老师一通批评，张薇有些懵了。已经到了分手的岔路口，老师却不准备离开，而是站在那里很严肃地对张薇说："您不觉得您对于孩子的评价太低了吗？这会影响孩子的自我评价，也会让孩子变得和您评价的一样。而且，您没有发现孩子总是躲着您吗？我有几次让他等着和您一起回家，他都自己走了，尤其是当着孩子的面，您一定要改变对于孩子的态度，中肯、客观地评价孩子。"老师走了，张薇陷入了沉思。

　　人的本能都是趋利避害的，没有任何人愿意被批评和否定，而大多数人都希望得到认可和赞赏。既然如此，作为父母，就不要总是动辄批评和否定孩子。老师说得很对，父母的评价将会对孩子产生深远的影响，那么作为父母一定要对孩子做出中肯、客观的评价。很多父母都知道不要给孩子"贴标签"，却不知道父母积极正向的评价将会对孩子产生多么强大的影响力。作为父母，任何时候都要把孩子视若珍宝，因为父母的认可正是孩子信心的源泉。

　　进入青春期之后，孩子非常渴望独立，也希望自己可以对更多事情有选择和决定的权利。这个时候，父母也要与时俱进地成长，给予孩子更大的自由空间，而不要总是约束和限制孩子，更不要不假思索就强求和命令孩子。

　　当孩子总是躲着父母的时候，明智的父母不会不由分说就责怪孩子，而是会在与孩子沟通之前先反思自己，看看自己到底是哪里说得不好或者做得不对，才会让孩子刻意躲避自己。实际上，每一个孩子都是愿意与父母亲近的，因为在成长的过程中，他们最依赖和信任的人就是父母。但是为何随着孩子不断成长，反而与父母渐行渐远了呢？原因只有一个，那就是父母没有和孩子同步成长，导致他们对待孩子的方式被孩子嫌弃，也遭到孩子的反感，甚至对孩子造成了伤害。正因为如此，孩子才会想要远离父母，躲个清净。要想当好父母，"每日三省吾身"是很有必要的，你做好准备了吗？

对孩子说自己的糗事又何妨

一直以来,因为妈妈的批评和否定,张单都非常自卑,也常常躲着妈妈。然而,自从妈妈被老师点醒之后,开始有意识地改变与张单相处的模式,母子之间的关系终于有了好转。离婚之后,妈妈始终都没有调整好心态,常常把对前夫的怨恨投射到张单身上,导致张单内心很压抑,看到妈妈就害怕,也发自内心不想与妈妈相处。意识到张丹的心理状态,妈妈有意识地亲近张单,也希望能够成功地改变亲子相处的模式,让张单阳光快乐地成长。

这个周六,正好是张单的生日。自从离婚之后,妈妈就没有心思给张单过生日,去年张单过生日的时候,妈妈就敷衍了事地给张单煮了一碗面。今年的生日,妈妈准备给张单好好过。妈妈提前预订了蛋糕,在生日那天早晨,妈妈照例为张单煮了生日面,而且装出和平时一样的淡漠。上午10:00,门铃响了,张单去开门,看到一个快递员正拿着蛋糕站在门口,张单不由得惊呼起来:"妈妈,有蛋糕!"妈妈走过去,从快递员手中接过蛋糕,对张单说:"宝贝,生日快乐!"妈妈给张单点燃蜡烛,还为张单唱起了生日歌。张单感动得眼泪都流出来了,连声说:"谢谢妈妈,谢谢妈妈!"吃完蛋糕,妈妈决定带着张单去游乐场玩,晚上再下馆子好好吃一顿。愉快而又充实的一天过去了,晚上在家附近的餐馆里,妈妈要了一瓶红酒,给张单要了一瓶果汁,母子俩对酌起来。妈妈有些小醉,和张单说起自己的糗事:"臭小子,你告诉我,你有没有喜欢的女孩?我告诉你啊,妈妈年轻的时候可漂亮了,班级里好几个男生都追求我。我第一次收到男生的求爱信，居然一激动交给老师，幸好老师还比较有经验，没有在班级里公开说这件事情，不然我就把自己害惨了。"张单看到妈妈兴致很好，仗胆问起妈妈是怎么认识爸爸的，妈妈没有生气，而是笑着说起和爸爸相识的罗曼蒂克史。张单被妈妈逗得哈哈大笑，妈妈感慨地说："儿子，你已经16岁了，妈妈希望你也能和爸爸一样聪明英俊，能被女孩喜欢、被女孩追求！"张单的眼泪流了出来，因为这是两年来他第一次听到妈妈回忆幸福的过往，也夸赞爸爸。此时此刻，张单突然理解了妈妈离婚的感受，因而动情地抓住妈妈的手，对妈妈说："妈妈，您放心，我会一生一世守护着您的！"这次晚餐之后，妈妈与张单的关系有了质的飞跃和改变，张单也从父母离婚的阴影中走了出来，变成了一个真正的男子汉。

一直以来，很多父母都习惯于在孩子面前扮演权威者的角色，他们总是对孩子居高临下，也总是对孩子颐指气使，却不知道这样虽然在孩子面前维护了作为父母的权威，却导致孩子与父母渐行渐远，甚至故意躲避父母。如果说在小时候，孩子还很愿意听父母的话、服从父母的安排，那么随着渐渐长大，尤其是在进入青春期之后，孩子的独立意识不断增强，他们更愿意有自己的主见和选择、决定的权利。为此，父母如果还像对待儿童时期的孩子一样对待他（她），就会招致孩子反感。有些孩子在进入青春期之后性格突然改变，从"小话痨"变得整日沉默寡言，父母误以为孩子的性格改变了，其实不然，孩子只是与父母生疏了，不愿意与父母沟通而已。如果父母有机会看到孩子在同龄的小伙伴面前谈笑风生的样子，一定会感到非常惊奇。

那么，作为父母，如何才能打开孩子的心扉，平等地对待孩子呢？很多父母把与孩子平等相处作为口号挂在嘴边，却没有付诸行动，这样的平等并不能让孩子真正信服和亲近父母。其实，在心理学上有一个原理叫作"互惠心理"，意思是说当一个人受到他人的好处，往往也会主动向他人示好，从而在彼此之间维持平衡的状态。亲子关系固然应该亲密无间，但是孩子不断成长，不再像小时候一样依附于父母，为此他们更加渴望独立，希望能够与父母保持平等。在这种情况下，亲子关系从一方依附于另外一方的情形转化为双方要求独立和平等，尤其是孩子更加渴望父母能够真正尊重自己。为了满足孩子的心理需求，父母有一个非常讨巧的方法对待孩子，这个方法不但能够对孩子传达出平等的信息，而且效果立竿见影。这就要求父母要把心理学上的"互惠心理"运用到与孩子的相处之中，例如，把自己曾经的糗事告诉孩子。这样一来，孩子会切实感受到父母的尊重，也会觉得在父母心中自己真的长大了。出于报偿的心理，孩子也会把自己的真实想法告诉父母，从而维持他们好不容易才争取来的平等的亲子关系。

有些父母也许会怀疑这么做的效果或者为了维护自己高高在上的尊严而拒绝这么做。殊不知，面对正处于青春期、有可能比父母更加高大强壮的孩子，作为父母，真的不能再用强制的方式压迫和命令孩子，否则只会事与愿违。明智的父母在孩子青春期到来之初，就会调整亲子相处的模式和方式，从而找到孩子更乐于接受的方式与孩子相处，建立真正民主平等、和谐融洽的亲子关系。

忽略与孩子的友情关系，亲情关系也将不复存在

张涵，16岁，身高1.76米，就读高二，是个阳光、帅气的大男孩。高大的身材使他看起来似乎已经是一个大人了。所以，他经常给父母一种感觉：你都这么大了，还这么不懂事。

张涵学习不好，长期沉溺于手机游戏，每天都是玩通宵、白天睡一天。爸爸为了让他能够改变，就动用关系将他送进了省内最好的一所高中。将孩子送进高中后，似乎一切就安定了，因为张涵的父母相信这所学校的教育能力。但是，仅仅过去了几个月，孩子就被学校责令退学了，回到家里，张涵

的父母发现孩子和以前一样，甚至多了抽烟和喝酒的坏习惯。

暴怒的父母没有什么其他方式，批评与指责成为对待孩子唯一的方式。有一天，当母亲愤怒到一定程度的时候，竟然骂出了一句话："你给我滚，我就当没生你这个儿子。"张涵一怒之下，摔门而出。事情发生后，妈妈赶紧通知了爸爸，说孩子离家出走了。爸爸当时分析了一下，想想他也没地方可以去，估计过一会儿就回来了，就说"等等看看"。

当夜幕降临，天色已晚，焦急的爸爸拨打着已经关机好久的张涵的手机。时间渐渐过去，妈妈如热锅上的蚂蚁，不停地用电话询问着身边的亲人，看孩子有没有露面。两个人商量，再没有消息的话，就决定报警。但是又担心报警之后一旦孩子找到了，对孩子造成重大的心理伤害，所以就一直隐忍着。

晚上10：00的时候，张涵的奶奶打来电话，说："张涵没事，让我转告你们，他出去待几天，从我这儿拿了一点儿钱。"听到这个消息，虽然不太焦急了，但是心又揪了起来，另外一个问题又冒了出来：他去哪里了呢？是不是和一些不三不四的人待在一起呢？

4天之后，张涵不声不响地回家了。当父母看到他的时候，气不打一处来，却不敢发作。张涵回到自己的屋子，门一关，继续重复原来的状态。

在16岁的张涵的心中，父母只是他的爸妈而已，对伦理和道德尚不明确的他，根本就理解不了父母的焦急心情，更无法容忍父母通过自己的方式让他强行改变的态度。一句话——对于父母，在他的心目中没有了"朋友关系"！

青春期的孩子，更多需要的是帮助和理解，而不是一味的谴责和指令。所以，当父母给予孩子一定压力的时候，首先要考虑孩子能否接受父母强加给他们的更多的"期望"。如果想让孩子接受父母的意愿，首要的就是要改变和孩子的关系。要想共振，必先同频——只有成为孩子的朋友，才能走进孩子的世界，了解他们的所思所想，继而顺势疏导，以此改变他们！

第9章

没有人不需要朋友，青少年更需要友谊的滋养

　　朋友是每个人一生的陪伴，尤其是青春期孩子，从10岁之前崇拜父母和老师，到进入青春初期渴望得到同龄人的认可，融入同龄人的圈子，这正意味着孩子在成长的道路上前进了一大步，也意味着孩子交际的范围越来越广。每个人都需要友谊的滋养，青春期孩子更渴望结交朋友、收获友谊。然而，青春期孩子对于友谊的理解还没有那么全面和深刻，当他们在交友过程中陷入困境的时候，父母要及时给予他们引导和帮助，让他们收获更多真诚的朋友和真挚深厚的友谊。

识别真朋友与假朋友

才升入初一的第一次考试,飞飞的成绩就很不理想。让妈妈惊讶的是,爸爸妈妈还没有责怪飞飞呢,飞飞回到家里却气鼓鼓的,妈妈忍不住质问飞飞:"你考试成绩不好还有理了吗?怎么还这么大情绪呢,我和爸爸可还没有开始批评你啊!"听到妈妈的话,飞飞硬挤出来一个笑容,对妈妈说:"我不是生您和爸爸的气,是生豆豆的气!"妈妈更纳闷了:"你和豆豆,还有鹏鹏,不是号称'三剑客'吗?你忘记你们一起从小学升入同一所初中时有多么高兴啦!"飞飞说:"豆豆特别不够意思。这次考试,我语文没有复习好,就想让他把试卷给我看一下,结果他死活不给,我语文就少考好几分。比起鹏鹏,豆豆可差远了。"妈妈好奇地问:"鹏鹏怎么好了?"飞飞说:"鹏鹏够义气啊,冒着被老师发现的风险,把数学试卷给我看,虽然我抄他的是错的,还不如自己做呢,但是我看到了他对我的真心!"

听了飞飞的话,妈妈叹了口气,说:"飞飞啊飞飞,你看着长得人高马大的,还真是不懂事、不分好坏啊!鹏鹏把试卷给你抄,你就说鹏鹏好,况且不说你是抄错了,就算你没抄错,你觉得你能从鹏鹏那里抄出个大学来吗?再说豆豆,豆豆如果给你抄写,那是害了你,将来到了正式的考试,你没得抄了,该怎么办?"妈妈的话让飞飞陷入沉思。妈妈继续说:"如果是在中考中作弊,你们的成绩全都不算数;如果是在高考中作弊,你们甚至接连几年都不能参加高考。你觉得这样的做法对吗?小学生都明白的道理,你都上初中了,还犯这么低级的错误。我告诉你,考试考不好是能力问题;考试作弊,则是品质问题,是要遭人鄙视和唾弃的。"听着妈妈义正词严的一番话，飞飞醒悟过来，嘀咕道："好吧，豆豆是真朋友，鹏鹏是假朋友。"

人都有利己主义的本能，都希望从别人那里占便宜，不希望自己付出太多却毫无收获。然而，对于青春期孩子而言，尽管他们长得人高马大，甚至有些孩子都已经比爸爸妈妈更高，但是他们的心智发育不够成熟，而且对于友谊的理解也不够深刻。事例中，飞飞对于友谊的理解恰恰是本末倒置了，在妈妈的一番提醒和教育之下，他才意识到豆豆是真朋友、鹏鹏是个假朋友，很有可能因为不坚持友谊的原则就害了自己和他。相信经过这件事情之后，飞飞再也不会犯这样的错误。

青春期之所以对于孩子的一生都至关重要，就是因为在青春期，每个孩子都正在进行人格的塑形。在这个特殊阶段里，孩子结交怎样的朋友、受到怎样的影响、拥有怎样的生活，将会为孩子的一生奠定基础。当孩子处于青春期的时候，父母固然要支持孩子结交朋友，却也要对孩子尽到监管的责任和义务，这样才能在孩子交友出现偏差的时候，及时纠正孩子，也才能在孩子受到朋友不良影响的时候，及时提醒孩子。

古人云："近朱者赤，近墨者黑。"这句话就是告诉我们生活的环境、接触的人和事物，对于每个人的影响都非常大。常言道："与善人居，如入芝兰之室，久而不闻其香。"那么如果总是受到负面的影响，则孩子就会在不知不觉间出现人生偏差。因此，父母应该多多引导孩子，首先要帮助孩子形成正确的交友观，这样孩子才能更好地把握交友的原则。其次要提升孩子的观察力和感知能力，也要告诉孩子"路遥知马力，日久见人心"的道理，从而才能让孩子区分清楚益友与损友、真朋友与假朋友。当身边有不良朋友的时候，父母一定要督促孩子与其划清界限，这样孩子才能摒弃不良的影响，受到积极的影响，从而健康快乐地成长。

总而言之，父母一定不要轻视孩子交朋友的事情，很多青春期孩子之所以误入歧途，就是因为没有得到父母的有力监管，又被不好的朋友影响和诱惑，最终走上犯罪的道路。有人说过，"看一个人的实力——看他的对手；看一个人的底牌——看他的朋友。"作为父母，何不从现在开始就帮孩子把好关，让孩子拥有几个真正的好朋友呢？当然，父母只是起到适度监管的作用，而不要过分干涉孩子交朋友，毕竟孩子进入青春期，有了独立的思想和主见，父母要在尊重孩子的基础上引导孩子，这样才能维持良好的亲子关系，也才可以持续地引导孩子，使其走正确的交友之路。

如何与老师相处

升入高一之后，小雅明显感觉到与同学、与老师之间的关系都变得复杂了。以前，小雅可以随意地说什么或者做什么，但是现在她在说话、做事之前都要认真地思考，从而避免说错话或者做错事情。即便如此，小雅也常常无意间得罪人，这一次居然把老师得罪了。

原来，开学不久就是教师节，因而班级里的很多同学都给老师准备了小礼物，还精心写好了贺卡。教师节那天，课间的时候，有的同学去办公室里给老师送礼物回来，小雅忍不住嘲笑他们："你们一个个的可真是马屁精，告诉你们，我就不给老师送礼物，因为我从来不巴结任何人。"偏偏这时，老师走到了小雅的身后，听到了小雅这句话。但是老师只是假装没听到，就走进教室给同学们上课了。小雅一节课都很忐忑不安，她很担心老师会报复她。思来想去，趁着下课之前还有几分钟，小雅勇敢地站起来对老师说："老师，我有话想说。"老师看了看小雅，点头示意小雅可以说。小雅鼓起勇气说："老师，我刚才上课之前说的话是错的。其实，同学们趁着教师节到来之际给您送礼不是为了拍马屁，而是为了表示对您的尊重。您之所以收同学们的礼物，也不是想要礼物，而是收下了同学们的一份心意。老师，我心里也非常尊重您，我只是不善于表达感情，希望你能原谅我。"老师听到小雅这一番情真意切的话，说："小雅同学，老师可以感受到你的尊重，因为你每次遇到老师都会问好。不过，每个人表达感情的方式不同。其实，今年教师节我收到的最好礼物是一封信。曾经我教过的一个特别调皮捣蛋的孩子，如今已经大学毕业了，他用拿到的第一个月工资给我买了一条领带，还附上了一封充满着真情实感的信。明天，我可以把信拿过来读给大家听，作为老师，我承认我被感动哭了，也觉得自己当老师是非常有意义的。你们每个人，不管是否送礼物，都在老师的心里呢！"小雅也哭了起来，这一刻，她觉得自己与老师的关系亲近了很多。

与老师相处是一门学问，也是一门艺术，但是即使是心思最缜密的人也未必能与老师相处好。然而，一个心思简单、真诚对待老师的孩子，却会得到老师的偏爱。作为孩子，一定要与老师搞好关系，不需要对老师说华丽的辞藻，也不需要给老师送贵重的礼物，只要能够真诚面对老师、友善地与老师相处，就会收获老师最真挚的情谊。

对于孩子们而言，如何与老师相处很重要。细心的父母会发现，当孩子与某一门课程的老师相处友好、关系融洽，孩子学习这门课程时就会非常专心、成效显著；当孩子与某一门课程的老师相处得并不愉快，甚至关系剑拔弩张时，孩子对于这门课程的学习就会比较糟糕和被动。由此可见，孩子能否与老师相处融洽，不但关系到师生关系，而且关系到孩子的学习成绩。为此，明智的父母会很关心孩子与老师之间的关系，也会想办法引导孩子与老师更加和谐融洽地相处。

也许有的父母会说，孩子与老师之间的关系并不完全取决于孩子，老师也起到很大的作用。的确如此，人际关系从来都是双边的，但是老师与孩子的关系有些特殊。每个老师都不是私人教师，而是有可能要面对一到两个班级里百十个孩子。所以，老师是不可能对每个孩子面面俱到的，要想让孩子与老师处理好关系，孩子就要占据主动，以良好的表现得到老师的认可，以优秀的成绩吸引老师的注意。当然，除此之外，还可以很懂事，从学习、生活中的点点滴滴拉近与老师的关系，增进与老师的感情。

具体而言，孩子要想与老师搞好关系，就要做到以下几点。

首先，孩子一定要尊重老师。尊师重教是中华民族的传统美德，任何情况下，孩子都要尊重老师。有很多孩子不理解老师的辛苦，常常在被老师揪着学习的情况下，对老师心生怨愤。其实，在这个世界上，除了父母希望孩子能够把学习成绩搞好之外，就是老师最盼望着孩子在学习上有出色的表现。孩子只有理解老师的良苦用心，对老师怀有感恩之心，才能更好地与老师相处。

其次，孩子要勤学好问。对于老师而言，他们很少因为孩子长得丑或漂亮、孩子家里有权有钱抑或是没权没钱而区别对待孩子，但是老师偏心的情况的确存在，那就是所有的老师都偏爱学习成绩好的学生。孩子如果在课堂上积极回答老师的提问，在课后也能够勤于思考，不会的问题主动向老师请教，老师很快就会牢牢记住这个孩子，并且对这个孩子刮目相看。

再次，孩子要勇于承认错误、积极改正错误。所谓"金无足赤，人无完人。"就连成年人都无法保证自己不会犯错误，更何况是孩子呢？所以，父母要给孩子树立勇敢承认错误和积极改正错误的榜样，这样一来，孩子才能受到父母积极的影响，也才能勇敢地反思自己。这样一来，老师时时都能看到孩子的进步，也会形成对孩子的好印象。

最后，父母还要引导孩子正确面对老师、理性认知老师。很多孩子都把老师当成神一样的存在，觉得既然是老师，就不能犯错误，也不能有任何失误。实际上，老师不是神而是人，孩子要学会接受和包容老师的错误。对于这样一个理性认真的孩子，老师怎么能不爱呢？与此同时，孩子不迷信老师，也有质疑的精神，甚至在发现老师给出的答案不正确的情况下，可以私底下与老师沟通、探讨，最终找到正确答案，这会给予老师棋逢对手的感觉。总而言之，孩子与老师之间的关系尽管特殊，也完全符合普通人际关系的原则，那就是相互尊重、真诚对待彼此，也要真正做到平等。

父母必须告诉孩子，老师是孩子在学校里的监护人，父母是孩子在生活中的监护人，从而让孩子发自内心地尊重老师，也真心想要与老师搞好关系。这对于孩子而言不仅仅是能提升学习成绩，而且可以教会孩子与不同的人相处，最终拥有良好的人际关系。

拓宽孩子的人际交往

自从升入初中，妈妈就开始为宋茜发愁，因为小学时期像话痨一样的宋茜如今沉默寡言。即使到了周末，也总是宅在家里写作业、看书，根本不愿意和同龄人相处。宋茜这是怎么了？一开始妈妈以为宋茜患上了孤独症，后来经过认真仔细的观察，妈妈发现宋茜一切正常，又打消了这个可怕的念头。为此，妈妈还特意咨询了心理专家，心理专家说青春期孩子很容易陷入孤独的状态，是因为他们既想融入同龄人的团体之中，又想要品尝孤独，与自己对白，为此会显得很矛盾。

在心理专家的建议下，妈妈决定引导宋茜参加集体活动。这个周末，班级里的几个家长正好张罗着要去爬山，妈妈也报名参加了。虽然宋茜很不情愿，但是妈妈让爸爸推掉周末的应酬，一家三口到达指定的集合地点，和其他几个家庭开始了爬山的旅程。在旅程中，一开始，宋茜很沉默，闷不吭声地爬着，但是其他几个孩子非常活泼，一路上唱歌、说笑话，终于把宋茜逗得忍不住笑起来，气氛越来越活跃。在到达目的地野餐的时候，大家席地而坐，围成一个大圆圈，各自拿出带着的美食美酒，吃吃喝喝不亦乐乎。宋茜越来越开心，和同学的相处也更加融洽。

后来，妈妈还会带着宋茜一起参加婚礼、参加单位里组织的聚餐或者是年会，有的时候妈妈也会在熟悉的人之间主动发起小型活动，邀请大家参加。渐渐地，宋茜恢复了之前的乐观开朗，不但结交了更多的朋友，还认识了妈妈单位里好几个叔叔阿姨呢！

青春期孩子正在读初中或高中，和小学阶段相比，他们的课业任务必然会加重，学习压力也会越来越大。与此同时，他们也面临着身心的巨大改变，常常感到应接不暇，也觉得很紧张和焦虑。在这种情况下，孩子从小时候的无忧无虑，变得心思很重，也常常会陷入沉默之中。对于青春期孩子的状态，父母应该非常关注，当发现孩子变得沉默或者反常的内向时，一定要及时帮助孩子调整情绪。

对于孩子而言，学习固然重要，但是身心的健康和快乐更加重要。父母要在保证孩子身心愉悦的情况下督促孩子学习，否则孩子学习再好，没有健康的心态，又有什么意义呢？作为父母，不要总是为了安全就把孩子圈养在家里，而是要多多鼓励孩子走出家门，结交更多的朋友。在如今的时代中，每个人既是独立的生命个体，也是群体中的一员，没有任何人可以摆脱他人而离群索居。尤其是分工的细致化使得人们之间的合作也变得更加密切和频繁，那么父母更要引导孩子学会与人相处、积极融入集体生活中。

除了带着孩子参加集体活动之外，父母一方面要提升孩子的安全意识，另一方面也要鼓励孩子打开心扉，接纳他人。需要注意的是，有些青春期孩子之所以不喜欢与人交往，往往是他们过度沉迷于网络。如果孩子变得孤独是因为网络的原因，那么父母就要抽出更多的时间陪伴孩子，也要让孩子感受到现实生活中有的而网络世界里不曾有的生动、温暖、互动等。父母有责任也有义务让孩子敞开心扉接纳外部世界，让孩子感受到现实世界的美好、感受到人与人之间可以触摸的温暖和友好。

尊重孩子的朋友

最近，豆豆感冒了，还挺严重的，为此，豆豆请了好几天假，没有去上学。在请假第一天的傍晚放学后，飞飞就去了豆豆家里，给豆豆送作业，还把老师上课的新内容讲给豆豆听。为此，豆豆妈妈对飞飞竖起大拇指，说："飞飞真是豆豆的好朋友！"然而，豆豆都请假好几天了，鹏鹏却一次也没来过。有一天，妈妈在豆豆面前嘀咕："真是路遥知马力，日久见人心啊！飞飞在你请假第一天就来了，鹏鹏到现在都没有来过，真是个'白眼狼'，你平时对他多好啊，还从家里带好吃的给他吃呢！"听了妈妈的话，豆豆不乐意了，当即反驳妈妈："鹏鹏也是我的好朋友。但是鹏鹏身体很弱，他一定是怕被传染感冒才不来的。有一次，我的脚扭了，鹏鹏还把我背到教室里呢！"妈妈对于豆豆的辩解不以为然："你倒是挺理解鹏鹏的哈，你可真是傻乎乎的。"豆豆对妈妈的话非常生气，一个下午都没有理睬妈妈。

傍晚时分，爸爸才回到家里，豆豆就向爸爸告状。爸爸看着豆豆一本正经的样子，知道豆豆很认真，因而当即表态："妈妈说得不对。妈妈怎么能说豆豆的朋友不好呢，而且鹏鹏的确很好。其实，豆豆，了解一个人需要很长的时间，妈妈只是看到了表面现象就妄下定论，她肯定没有你了解鹏鹏啊！等你生病好了，咱们把飞飞、鹏鹏都请到家里吃饭，好吗？"豆豆这才高兴地笑起来。

10岁之前，孩子非常崇拜父母和老师，而10岁之后，孩子更加渴望得到同龄人的认可和接纳。所以,青春期孩子非常看重朋友,也总是对朋友很维护。在这种情况下,作为父母,一定不要轻易轻视和否定孩子的朋友,否则就会招致孩子的反感,甚至让孩子觉得父母不尊重他们。所以,父母要尊重孩子,就要尊重孩子的朋友,而且要慎重评价孩子的朋友,这样才能与孩子处理好关系。

前文说过,父母需要正确引导孩子交友,从而确保孩子与好的朋友相处,也得到有益的影响。然而,凡事皆有度,过犹不及。父母在监管孩子交友的同时,一定要把控好力度,这样才能适度引导和管教孩子,也避免给孩子带来不好的情绪体验。实际上,交友是孩子的权利。从本质上而言,父母是无权干涉孩子交友的,父母所能做的就是避免孩子受到坏朋友的不良影响,也避免孩子误入歧途。只要孩子交的朋友是好的,父母就要尊重孩子的朋友,因为青春期孩子对于朋友看得非常重。当父母对于孩子的朋友不尊重的时候,孩子就会感受到自己被轻视、蔑视或者遭受侮辱。

具体而言,尊重孩子的朋友,父母要做到以下几点。

首先,不要干涉孩子交友。很多父母都会管得太多、管得过严,为此他们总是对孩子提出苛刻的要求,限定孩子不能与各种各样的人相处和交往,最终把孩子的交际圈子限定在同学和亲戚的范围内。殊不知,青春期孩子正处于独立意识发展的关键时期,而且他们非常有主见,也会因为父母不恰当的管教方式而生出叛逆心理。在这种情况下,父母如果不能合理引导孩子,而是强制要求孩子必须与某个朋友断绝关系,则只会导致孩子与那个朋友走得更近。在针对孩子交友的标准方面,父母也要放宽。有人说"开卷有益",实际上这句话有个前提,就是书必须是好书,不是教人学坏的书。那么我们也要说,从每一个朋友身上,孩子都能有所学习和成长——只要这个朋友不是坏人。既然如此,对于孩子的朋友是高是矮,甚至对于孩子朋友的学习成绩是好是坏,父母都不要提出太苛刻的要求。有些孩子天生不擅长学习,但是这并不意味着他们是坏人。还有的父母要求孩子必须和门当户对的同龄人交朋友,这简直太可笑了,如今寻找人生伴侣都不讲究门当户对了,交朋友还有必要门当户对吗?只有给予孩子宽松的环境,使其按照自己的感觉和喜好去交朋友,父母与孩子之间才会更好地相处,也才是尊重孩子的表现。也只有在这个基础上,父母才能真正做到尊重孩子的朋友。

其次,在孩子如何与朋友交往方面,当孩子遭遇困境的时候,父母可以给予有效指导。如果孩子一直知道如何与朋友相处,父母就不要总是强求孩子必须按照成年人的模式或者父母喜欢的模式与朋友相处。从本质上而言,交朋友就像恋爱一样,彼此觉得好才是真的好,而没必要委屈自己非要让别人看着好。正如人们常说的,"鞋子是否合脚,只有脚知道。"同样的道理,朋友是否合适,也只有孩子自己知道。有的时候,父母需要做的是保持淡定,对于孩子的很多事情作壁上观,这样反而是给孩子更多的自由。

总而言之,父母既不要干涉孩子交朋友,也不要影响孩子与朋友相处。在孩子结交了真朋友、好朋友之后,父母要尊重孩子,也尊重孩子的朋友,这样才能给予孩子更加辽阔的空间去成长、去翱翔。

让孩子学会拒绝

今天,亚瑟放学回家比较晚,为此妈妈问亚瑟:"亚瑟,妈妈不是刚刚给你买了手机吗?你怎么不打个电话回家告诉妈妈你会迟一些回家呢?害得妈妈很担心!"亚瑟支支吾吾:"我……我……我忘记了!"妈妈说:"手机是不是没电了?拿出来,我帮你充电。"但是亚瑟赶紧告诉妈妈自己会充电的,就躲到房间里。妈妈担心亚瑟是否在手机上下载了游戏,为此追着亚瑟要求看手机。无奈之下,亚瑟才告诉妈妈:"我的手机被丁丁拿去用了。"妈妈很惊讶："你的手机怎么被丁丁拿走了呢？那可是妈妈新给你买的手机啊！"亚瑟说："丁丁坚持要拿走，我也没办法。"听到亚瑟这个回答，妈妈情不自禁地皱起眉头。

已经有几次这样的事情发生，亚瑟不是手机被人拿走，就是新买的书被人拿走，有一次，居然连书包都被丁丁拿去用了，自己只好用个塑料袋把写作业需要用的书本拿回家。妈妈决定不能放任亚瑟这样下去，她一本正经地告诉亚瑟："亚瑟，对于自己的东西，你一定要保护好。如果你愿意借给别人用，你就借；如果你不愿意借给别人用，你就要学会拒绝。"亚瑟很为难地说："但是我们都是同学，还是好朋友，我不知道怎么拒绝他们。"妈妈说："就算是对朋友也要学会拒绝啊。拒绝是人与人交往的一种方式，也是你保护自己的方法之一。就算面对父母，你也会表示拒绝，例如，我让你参加作文补习班，你就不愿意，对不对？"听了妈妈的话，亚瑟点点头。后来，在妈妈的引导下，亚瑟渐渐地学会拒绝，也能够保护好自己不愿意外借的东西了。

很多孩子都不会拒绝，这实际上是人际交往中的弱点。在成年人的世界里，那些不懂得拒绝的人被称为"老好人"，就是因为他们总是抹不开面子，哪怕对于别人无理的请求，他们也总是全盘接受，不懂得拒绝。实际上，父母要有意识地培养孩子拒绝的能力，毕竟对于孩子来说，学会拒绝才能保护自己的合法权益，也才能与别人建立更好的相处方式。只有学会拒绝，也能够以合理方式拒绝他人的不情之请，孩子们才能在人际交往中游刃有余。

尤其是对于青春期孩子而言，他们非常讲究哥们儿义气，总是会盲目地从众，又因为渴望得到同龄人的认可与赞赏，为此他们常常无法拒绝同龄人的请求。不可否认的是，不管是孩子还是成年人，对熟悉亲近的朋友说出"不"字，的确很困难。然而，学会拒绝是人与人相处的必备技能，一个人未必有求必应就能拥有良好的人际关系，反而学会拒绝显得更加重要。

要想帮助孩子们学会拒绝，父母首先要引导孩子学会接受他人的拒绝。很多孩子从小就在父母无微不至的关心和照顾下成长，不管提出什么要求都会得到父母的无条件满足。渐渐地，他们就会越来越以自我为中心，不能接受拒绝，也不能承受挫折。实际上，在现实生活中，每个人都有可能被拒绝，因而父母也要教会孩子接受拒绝。在能够接受他人的拒绝之后，父母还要告诉孩子在什么情况下去拒绝他人，又应该以怎样委婉的方式巧妙地表达拒绝的意思。这样一来，孩子才能把拒绝的话说得恰到好处，也才能做到以合理的方式拒绝他人。

当然，大多数人之所以不愿意接受拒绝也不好意思表达拒绝，就是碍于面子、因为虚荣。其实，不管是对于孩子还是对于成年人，面子固然重要，但不要看得过重。只有让内心变得沉静，不再因为虚荣而随意地委屈自己，每个人才能真诚地面对自己和他人，也才能把拒绝的话说得恰到好处。当然，拒绝的能力不是一天就能练成的，需要先做好心理上的准备，再进行语言上的组织，这样才能恰到好处地拒绝他人。作为父母，一定要以身示范教会孩子从容平和地面对他人和外部世界，才能真正理性地拒绝他人，建立和维护良好的人际关系。

让孩子学会换位思考

张兴是一个特别调皮捣蛋的孩子，不但学习成绩不好，还总是扰乱课堂秩序，导致老师无法很好地授课。因为张兴总是犯错误，为此老师在无奈之余想出了一个办法，那就是给张兴妈妈下了最后通牒：或者陪读，或者让张兴转学。妈妈对于这件事情非常重视，她也知道张兴实在太调皮，就连自己都对他没办法,更何况是老师呢?为此,妈妈只好和单位请了一个月的假,每天陪着张兴一起上学。有了妈妈在身边,张兴的确有所好转,但是妈妈吃不消了。原来,妈妈在和单位请假之后,为了保留工作,就把活儿带回家里等到晚上再干。每天陪着张兴上学之后回到家里,妈妈急急忙忙给全家人做好饭,就赶紧开始干活,一直到凌晨才能结束。时间久了,妈妈的高血压犯了,有一天在家里险些晕倒。

张兴一开始对于妈妈陪读不以为然,只是觉得有妈妈在旁边看着,自己就不能继续调皮捣蛋了。但是妈妈险些晕倒,让张兴非常害怕,他认真地思考自己能不能没有妈妈,得到的答案是否定的。为此,张兴给老师写了一封信:"老师,我保证不再调皮,一定遵守课堂纪律,请求您不要再让我的妈妈陪读了。妈妈每天白天陪读,夜里还要工作,昨天都险些晕倒……"看着张兴的信,老师非常感动,也意识到张兴的确长大了,才会这么为妈妈着想。为此,老师找到张兴进行交谈,确定张兴一定不会再调皮,老师也答应张兴不再让妈妈陪读。果然,张兴从此之后就像变了一个人似的,虽然上课的时候也常常走神、开小差,但是他再也没有因为不遵守课堂纪律而被批评过。

常常有父母抱怨孩子不懂事,殊不知,孩子懂事也许就在一瞬间。因为对父母辛苦的理解,也亲眼看到父母为了他们付出了多少,他们就会更加设身处地地为父母着想,也真正做到尽量不给父母添麻烦。其实,在养育孩子的过程中,父母就应该多引导孩子体谅父母的辛苦。这样一来,孩子才会渐渐养成为他人着想的好习惯。当孩子学会为父母着想,他们在与他人相处的时候,也会为他人着想,这也有利于发展和提升孩子与人交往的能力。

很多孩子都无法理解父母的苦心,这是因为他们在成长的过程中习惯了接受父母无微不至的照顾,而从未真正站在父母的角度上思考问题,更不能设身处地地理解父母的良苦用心。作为父母,要引导孩子学会换位思考，这样不但有利于孩子理解父母、感恩父母，对于孩子将来与人相处也有很大的好处。毋庸置疑，每个人都不是别人，因此不可能真正理解别人的内心世界，那么学会换位思考，尽量设身处地地为他人着想，就可以更大程度地理解他人，也可以与他人建立起并维护好良好的人际关系。

父母即使再爱孩子，也不可能永远陪伴在孩子的身边，更不可能始终保护和照顾孩子。孩子不断地成长，总有一天，会离开父母，独自去面对周围的人和事情。在这种情况下，孩子必须掌握人际交往的技巧，也只有学会用心体谅他人，才能与他人之间建立良好关系，也才能真正与他人加深感情。当然，在与孩子沟通的时候，父母一定要做好言传身教的示范作用，真正地以平和的语言与孩子沟通，也帮助孩子与父母之间建立深厚的感情。当孩子在父母的爱心与耐心之中成长，他们也就会在潜移默化之中受到父母的影响，当然会更加尊重和理解父母，也会在与他人相处的时候更加友善，给予他人理解和帮助。这样一来，孩子就会处处受人欢迎。

孩子为何与社会青年交往

最近这段时间，妈妈发现张单行为反常，原本学习成绩中等的他，现在却心浮气躁，成绩直线下降，甚至还对妈妈提出想退学的请求。妈妈惊讶极了，不知道张单为何会突然要退学，在和老师沟通之后，妈妈才知道张单最近和很多社会青年在一起，也因为讲哥们儿义气，总是会帮助所谓的哥们儿打架斗殴，导致根本没有心思读书。

知道了张单的表现，妈妈感到非常无奈。其实，妈妈已经有意识地与张单好好相处，拉近与张单的关系，加深与张单的感情，所以她不知道自己还能做些什么。但是有一点妈妈很肯定，那就是张单才16岁，心思很单纯，而社会青年的心思很复杂，所以张单根本没有能力明辨是非，更不可能处理好与社会青年的关系。妈妈很担心有朝一日张单会被社会青年拉下水，导致误入歧途。

青春期男孩正处于半大不小的年纪，虽然看起来人高马大，身材上已经和成年人无异，实际上他们的内心还很幼稚，没有真正成熟，尤其是人生经验的匮乏，更使他们在处理很多问题的时候无法摆脱孩子的思维，因而也常常因为一时冲动或者内心焦虑而陷入被动的状态。又因为独立意识的发展，使得青春期男孩迫不及待地想要从父母身边独立出去，能够拥有更为广阔的成长空间。为此他们更加喜欢接近同龄人，也渴望着融入同龄人的团队，这是因为同龄人更加理解他们，也会真正地尊重和平等对待他们。

对于正在学校里学习的青春期男孩而言，社会青年对他们有着非常强烈的吸引力，是因为社会青年已经走上社会，有些社会青年还可以独立养活自己，他们的状态恰恰是青春期男孩渴望拥有的。为此，青春期男孩不知不觉间就会表现出对社会青年的崇拜，也会情不自禁地想要亲近社会青年。尤其是在家庭生活中无法得到独立的满足、在学习上又常常陷入被动状态的时候，青春期男孩就更渴望融入社会青年的团队中，让自己第一时间就能够成长起来。他们不知道，这样的成长只是形式上的成长，并没有实质性的意义，而且就算与社会青年混在一起，也不能改变他们还不够成熟与独立的本质。为此，父母一定要引导青春期男孩，要让他们知道什么才是真正的独立和成长，从而避免男孩盲目追求形式上的独立与成长。

此外，当青春期男孩表现出对于同龄人的兴趣时，父母还要避免误导青春期男孩交友。很多父母为了保护男孩，总是再三强调，禁止男孩与陌生人说话。殊不知，当男孩总是被禁锢在特定的交往圈子里，他们对于外界社会的人就会更加好奇。父母保护孩子固然没有错，也不要误导孩子，而是要对孩子进行正面引导，告诉孩子要与什么样的人交朋友，又要远离什么样的坏朋友,这样孩子才能有的放矢,更好地辨识身边的人,也拥有更多的朋友。

  还有一些孩子之所以和社会青年混在一起,完全是因为他们没有得到父母的有效监管和正确引导。尤其是在偏僻的农村,很多父母为了挣钱养家,都会把孩子留给家里的老人负责养育,自己则背起行囊离家外出打工,这就导致农村里有大量的"留守儿童"。"留守儿童"也许一年的时间里只能见到父母两次,甚至有的孩子要几年的时间才能见到父母一次,虽然爷爷奶奶等长辈可以供给他们吃喝,却无法在精神层面上与他们交流,遑论教育和引导他们。渐渐地,他们就会与父母之间变得隔阂和生疏,又因为精神空虚,而与社会青年混迹在一处,最终受到社会青年的不良影响,误入歧途。在当今社会,农村里大量"留守儿童"和"空巢老人"的现象,已经成为具有普遍意义的社会现象,亟须解决。作为父母,也应该意识到,生孩子还要养孩子,父母的陪伴是对孩子最好的爱。如果生了孩子之后,就把孩子扔在家里不管不顾,那么这样的父母即使挣再多的钱给孩子,对孩子也是不负责任的。父母是孩子安全感的主要来源,作为父母不但要以金钱为支撑为孩子营造安逸舒适的家庭环境,更要用爱和关心给予孩子安全感,让孩子精神充实、感情愉悦,健康成长。

帮助孩子克服交际障碍

  自从读高一,东东就开始住校。然而,住校的问题也接踵而来。此前,在小学和初中阶段,东东一直是走读的,每天都回家,因而看起来一切正常。但是自从住校之后,东东变得非常紧张,常常打电话回家告诉妈妈,说他不知道如何与同学相处,也总是会无意间得罪同学。妈妈很惊讶,因为东东向来乖巧懂事，怎么会得罪同学呢？

有一天，东东带着哭腔给妈妈打电话："妈妈，今天放学回宿舍的时候，我不小心把下铺同学的床单弄脏了，他狠狠地看了我一眼，我觉得他一定很生气，一定会找机会报复我的。"听了东东的担忧，妈妈又让东东详细描述了当时的情形，妈妈觉得同学并没有像东东所说的那样恶狠狠地看着东东。为此，妈妈安抚了东东，但是才到了晚上，东东又来电话，说不想在这个宿舍继续住下去了，还让妈妈去向学校申请帮他办理走读。然而，东东就读的高中是一所全日制封闭高中，除了转学，妈妈没有其他办法可以让东东走读。但是这所高中很好，当初也是爸爸妈妈四处托人找关系又花了很多钱，才让东东进入的，妈妈不想轻易放弃。后来，接连发生了几次这样的事情，妈妈意识到东东对于人际关系过于紧张和敏感了，也突然想到东东可能有心理问题，因而特意去找心理医生咨询，这才知道东东有青春期交际障碍。

在心理医生的指导下，妈妈对东东展开心理疏导，也每周都带着东东去看一次心理医生。心理医生说，东东是因为从小与人交往太少，才会在人际交往中有任何风吹草动都无法承受，而且还很敏感多疑。意识到问题的根源，妈妈很后悔没有在东东小时候就经常带着东东和其他小朋友接触，而总是把东东关在家里一个人孤独地玩耍。

曾经有心理学家经过研究发现，很多成年人之所以会有异常的行为表现，是他们在童年时期遭遇到了很多不好的事情，有很多不愉快的经历。由此可见，童年生活对人的影响是非常大的。作为父母，在发现青春期孩子出现交际障碍的时候，一定要引起重视，及时帮助孩子消除交际障碍，从而让孩子拥有不寂寞的青春期，也可以在同龄人的陪伴下健康快乐地成长。

需要注意的是，如今很多父母都忙于工作，疏于对孩子的陪伴。不得不说，如果父母在孩子小时候很少陪伴孩子，那么等到孩子进入青春期表现出人际交往障碍的时候再来关注孩子，为时晚矣。明智的父母不会只顾着赚钱，会更加注重陪伴孩子，给予孩子心灵的滋养。唯有拥有快乐的童年，孩子才会顺利走入青春期，也才能在青春期成长的过程中更加勇敢无畏。

对于青春期孩子而言，人际交往问题是高发的心理问题，因为如何与身边人相处，不但影响到孩子的人际关系，也影响到孩子的学习和健康成长。为了让孩子青春期不寂寞，父母一定要注重培养孩子的人际交往能力，也要帮助孩子打开心扉，真诚地接纳身边的人和事情，这样才能最大限度地提高孩子的社交能力，也让孩子从容不迫地走好成长的道路。

此外还需要注意的是，很多父母为了保护孩子，总是告诫孩子不要和陌生人说话，如果父母教育的方式不正确或者对于孩子的叮咛和告诫过度，就会导致孩子对于陌生人太过于警惕，也会使得孩子的社会交往陷入困境。所谓凡事皆有度，过犹不及。作为父母，一定要以督促孩子健康成长为目的，而不要为了保护孩子就把孩子变成"套中人"。在这个社会上，还是好人比坏人多，而孩子要想健康成长，一味地把自己封闭起来是不可行的。所谓"因噎废食"，为了保护孩子而让孩子失去与人交往的乐趣，这当然是得不偿失的。因而，明智的父母会根据孩子所处的身心发展阶段，有的放矢地以孩子能够接受的方式，教会孩子如何与人相处、如何识别他人的真心，这样孩子才能拥有"火眼金睛"，也才能消除人际交往障碍，尽情地享受友谊。

孩子为何没有好人缘

最近,李鹏一直叫嚷着读完初中就不上学了,爸爸妈妈对此表示坚决反对。爸爸本身就是高中老师,为此苦口婆心地劝说李鹏:"李鹏,现在大学毕业是基本的教育水平,如果你错过了读大学的机会,将来后悔可就晚了。而且,你的学习能力还是很不错的,你不是没有学习的天赋,为何要轻易放弃呢?"爸爸还特意去找了李鹏的初中老师,向老师了解李鹏在学校里的学习情况。

老师反馈给爸爸的情况很不错,为此爸爸感到很欣慰。但是老师也透露了一个重要的信息给爸爸,那就是李鹏虽然在学习上表现不错,人缘却很差,常常一整天都不和同学说话。得到这个信息,爸爸似乎知道李鹏为何不愿意上学了。

对于一个青春期的孩子而言,他们原本就很渴望得到同龄人的认可、融入同龄人的团队之中,如果李鹏在班级里没有好人缘,在学校里连个能说得上话的朋友都没有,可想而知他一定非常苦闷。那么,李鹏为何没有好人缘呢?这还要从小时候开始说起。原来,因为爸爸妈妈都是上班族,而家里又没有老人能帮忙带李鹏,为此李鹏很小的时候就经常会被爸爸妈妈锁在家里,一个人看电视、看书,或者是无聊地睡觉。渐渐地,李鹏的性格变得越来越孤僻,性情也变得桀骜不驯。从小学阶段开始,李鹏就不愿意与同学们打交道,这也是他进入初中之后总是独来独往的根本原因。

爸爸知道李鹏的孤僻不是因为他自己的原因,而是因为家庭原因形成的,为此,爸爸决定想办法帮助李鹏融入同学之中。爸爸为李鹏买了一套当下最流行的青春期小说，还特批李鹏可以把书带到学校里看，也可以借给其他同学看。后来，班级里的男生班长过生日，爸爸还为李鹏精心准备了礼物送给班长，因此人缘好的班长真诚地邀请李鹏参加生日聚会。在生日聚会上，孩子们都很开心，李鹏借此机会也和大家有了交集。在爸爸持续不断的努力下，李鹏渐渐地融入班级同学的团体之中，人缘也渐渐地好了起来。

在计划生育推行期间，很多家庭都只要一个孩子，而父母又因为忙于工作没有时间陪伴孩子，如此一来，就导致孩子在成长过程中非常孤独。当孩子习惯孤独的时候，他们就会失去与人交往的欲望，也因为从未真正体验过与人交往的乐趣，而变得越来越孤僻。除了孩子本身不愿意与人交往之外，还有些孩子没有好人缘，完全是因为"独生子女症"。

那么，何为"独生子女症"呢？顾名思义，独生子女症最典型的表现就是以自我为中心，心里从来没有别人，而且常常会对别人置若罔闻，考虑问题的时候也根本不会设身处地地为别人着想。有这些表现的孩子一旦进入集体生活之中，很难得到他人的认可，反而会因为自私而被他人疏远。这就是因为孩子长期生活在独生子女家庭里，被父母呵护和宠爱，被爷爷奶奶、姥姥姥爷纵容，最终，孩子形成了以自我为中心、目中无人的坏习惯。然而，等到有朝一日长大了，走到同龄人之中，同样作为独生子女的同龄人可不会骄纵他们，而只会因为不喜欢他们而疏远他们。这样一来，孩子没有好人缘就成为定局。

为了避免孩子长大之后在校园里被同学们疏远，父母应该有意识地培养孩子为他人着想的好习惯。例如，在家庭生活中，父母不要把所有好吃的、好喝的都留给孩子独享，而是应该与孩子分享。当孩子提出各种无理的要求时，父母也不要一味地纵容和满足孩子，而是应该引导孩子学会控制自身的欲望，也要设身处地地为他人着想，理解他人的苦衷和难处。当孩子渐渐地形成良好的品质，在走出家庭之后也就能更好地与他人相处，这样一来，孩子自然拥有了好人缘。有人说，父母是孩子的第一任老师，孩子是父母的镜子，其实是有道理的。从这个意义上说，家庭生活对于孩子的影响也是非常大的，如今有太多的"小霸王"其实都是父母教养方式不当造成的。作为父母，切勿骄纵和宠溺孩子，只有适度引导和用心教育孩子，孩子将来进入社会才能受人欢迎，拥有好人缘。

第10章

把话说对不如把话说好，良好沟通叩动青少年的心扉

良好的人际关系必须建立在顺畅沟通的基础上，因此，父母要想与青少年建立良好的亲子关系，就一定要与青少年更好地沟通。常言道，"会说的人说得人笑，不会说的人说得人跳。"虽然父母与孩子之间的关系很亲密，同样也要讲究说话的方式与技巧，才能把话说对、把话说好，从而营造良好的亲子沟通氛围、建立和谐融洽的亲子关系，进而打动青少年的心、打开青少年的心扉、走入青少年的心灵深处。

不要总是否定孩子

小伟是非常听话懂事的孩子，同时也唯唯诺诺，根本没有主见。对于小伟的表现，老师既爱又恨，因为小伟虽然能够对老师言听计从，但是在需要发挥主观能动性解决问题的时候，小伟总是不愿意开动脑筋去做。尤其是在期中考试时，对于最后的附加题，老师明明已经讲过了，小伟却还是做错了，只是因为题目的表述换了一种方式。

有一次，老师想让小伟代表班级参加学校里的作文比赛，小伟却总是推辞，老师很纳闷："小伟，你的文笔很细腻，为何不愿意参加比赛呢？说不定还能获奖，给班级增光呢！"小伟说："老师，我不行，我肯定不行！"老师笑起来："你这个孩子怎么这么谦虚呢，你行不行我还不知道吗？你肯定行！"然而，不管老师怎么说，小伟就是不愿意接受这个光荣的任务。后来，老师找到小伟的妈妈，妈妈也说："这个孩子不行吧，他做任何事情就没有成功过！"听到妈妈对小伟的评价，老师非常诧异："小伟妈妈，您怎么能这么评价孩子呢！"妈妈不以为然："不是我这么评价他，是他的确如此啊！"老师恍然大悟："我可算知道小伟为何缺乏自信心了！您作为妈妈却总是否定他，他哪里会有自信心呢！小伟妈妈，您一定不知道父母在孩子心目中占据着怎样重要的地位，尤其是在孩子小时候，您的一句否定的话会让他万分沮丧，您的一句肯定的话会让他信心倍增。您不要再否定孩子了，孩子总是很胆怯自卑，解决问题的时候也缺乏创新，与您的否定有密切的关系。"妈妈一开始还不承认老师说的话，也不认为父母的否定对孩子真的会有决定性的影响，直到老师从心理学角度分析给妈妈听，妈妈才意识到问题的严重性。后来，妈妈经常肯定、赞许小伟，小伟这才渐渐地从自卑的阴影中摆脱出来。

老师说得很对，父母的评价对孩子影响很大。青春期的孩子自我评价能力还不够完善，他们常常会受到父母评价的影响，甚至有些孩子特别信任和依赖父母，还会把父母的评价直接作为自我评价。因而，父母在面对孩子时，一定要谨慎评价，不要因为总是否定孩子而扼杀孩子的自信心和勇气，否则就会对孩子的成长产生巨大的负面作用。

有太多的父母在与孩子相处的过程中，已经习惯了对孩子训斥、批评和否定，而很少对孩子赞赏、认可与肯定。在这样充满着负面信息的亲子关系中，也许年幼的孩子在感到压抑的同时并不会反抗，但是随着不断地成长，孩子逐渐长大，进入青春期，他们就会敏锐地感受到父母的态度和情绪，也会因此而对父母产生叛逆心理。

从人际交往的角度而言，所有的人际关系都要建立在沟通的基础上。如果沟通不好，就会产生误解；如果沟通顺畅，很多问题都能迎刃而解。所以，父母要想与孩子形成良好的人际关系，就要改变与调整和孩子的沟通方式，把话说到孩子的心里去，赢得孩子的好感。

人的本能是趋利避害的，青春期孩子自尊心非常强，情感也很细腻，他们更想要得到父母的认可，而不希望被父母批评和否定。为了避免伤害孩子的自尊心和自信心，父母即使要批评孩子，也要换一种方式来表达，从而保护孩子的自尊与自信。当然，作为父母也是有苦衷的，毕竟现代社会竞争非常激烈，为了让孩子将来有更好的生活，父母总是要激励和督促孩子努力学习、不断进步。然而，学习并非是孩子生命的唯一，一个孩子只有身心健康，才能快速成长。因而，父母要端正心态、摆脱教育焦虑，先让孩子成人，再让孩子成才。

首先，父母不要总是对孩子摆出一副高高在上的样子，更不要对孩子颐指气使。也许年幼的孩子还很乐意接受父母的安排，但是随着不断成长，青春期的孩子有了更强的自我意识，他们不愿意再被父母命令。

其次，父母在与孩子沟通的时候，一定要以平等的态度对待孩子。青春期的孩子最渴望得到父母的尊重与平等对待，而且他们的内心非常敏感，会敏锐觉察到父母的态度。在这种情况下，哪怕是批评孩子，父母也要合理措辞，才能与孩子共同学习与成长，携手并肩前进。

最后，父母要学会倾听孩子，也给予孩子说话的权利。很多父母都没有耐心倾听孩子，而是在孩子想要表达的时候，或者三心二意根本不用心听，或者喝令孩子闭嘴，认为孩子说的都是无用的话。不得不说，这种简单粗暴的方式就相当于切断了孩子与父母沟通的途径，也会导致孩子与父母之间陷入沟通的困境。父母作为亲子关系的主导者，一定要发自内心地尊重和平等对待孩子，也要在必要的时候倾听孩子，这样才能与孩子建立顺畅沟通的渠道，也能够真正了解和走入孩子的内心世界。

总而言之，孩子长大了，父母不要依然停留在孩子小时候的阶段，总是对孩子颐指气使。随着孩子不断成长，亲子关系的维护必然更加困难，那么父母就要有智慧、有谋略，才能最大限度地打开孩子的心扉，激励孩子勇敢无畏地前进。

学会认真倾听孩子的心声

这个周末，刘军一直想和爸爸妈妈好好谈一谈，但是每当他走到爸爸的书房里想要说话的时候，爸爸总是说："没见我正忙着呢吗？有事情去找妈妈。"然而，当刘军去找妈妈，妈妈也总是对刘军说："儿子啊，我已经上了5天班了，能让我看会儿电视吗？你自己去写作业，好吧？"如此一来，刘军只得悻悻地离开。

周一，妈妈才到单位就接到老师的电话，老师质问："刘军妈妈，我想找你们过来当面谈一下就这么难吗？还需要我找八抬大轿去抬你们吗？"妈妈丈二和尚摸不着头脑，赶紧问老师是怎么回事，这才知道老师让刘军带话邀请爸爸妈妈去学校。妈妈赶紧请假去学校。到了学校，老师告诉妈妈其实是好事情，因为学校准备让刘军作为学校代表和校长一起访问美国的几所小学。妈妈特别高兴，当即答应了老师的建议，回到家里就抱怨刘军："刘军，你有好消息怎么不告诉我和爸爸呢，害得我今天还被你们老师批评一通。"刘军不满地说："我周末准备告诉你们的，但是你们一个在工作，一个在看电视，都没有时间搭理我。而且，我告诉你们啊，我不愿意去美国。"妈妈很惊讶："有这么好的机会，为什么不去呢？你可别犯傻了，多少孩子想去都没有机会去啊！"刘军听到妈妈的话，脸上浮现出不耐烦的神情："我就是不去，你爱怎么说就怎么说！"这个时候，爸爸感受到刘军的情绪，耐心地问道："刘军，我和妈妈会尊重你的选择，不过你可以告诉我们你为什么不想去吗？"刘军质问爸爸："你现在有时间听我说话吗？"爸爸点点头，说："洗耳恭听。"刘军说："去美国是要求自费的，至少需要几万元钱，我都打听过了。咱们家里经济条件很一般，我不想给你和妈妈增加额外的经济负担。去美国什么时候都不晚，我有信心等到高中毕业后，拿到美国大学的奖学金再去。"听到刘军说出这样一番话，爸爸很感动地说："如果你想去，我和妈妈会支持你的，钱的事情不用你操心。"刘军很坚定地说："我过几年拿了奖学金再去。"妈妈感慨地说："刘军，你真是妈妈的好儿子，你真的长大了。"

妈妈没有倾听刘军的想法，就抱怨刘军很傻，居然要错过这个千载难逢的好机会。其实刘军不是傻，而是很懂事，所以才会为爸爸妈妈着想，不想花费爸爸妈妈的钱，给爸爸妈妈增加额外的经济负担。而且，刘军对于自己也很有信心，非常努力上进，所以想要通过自己的努力，将来得到奖学金再去美国读大学。这样一个优秀的孩子，当然是不应该被误解的。

青春期的孩子真的长大了，他们不再像小时候那样心思简单、无忧无虑。很多懂事的孩子，还会把父母的辛苦看在眼里、记在心里，为此更加努力地为父母分担压力。在这种情况下，父母一定要认真倾听孩子的心声，真正了解孩子的内心，走入孩子的心灵世界。除了体谅父母的辛苦之外，青春期孩子还会面临很多的困扰，甚至包括身体方面的成长和改变，都会让孩子产生困惑。他们还会有很多小心思，例如，有了喜欢的女孩或者被异性追求等。总而言之，当孩子处于青春期，父母一定要更加关注孩子，也要留意到孩子细微的变化，从而为孩子营造良好的成长环境。

如果说新生儿从呱呱坠地就需要被父母精心呵护和照顾，也需要依赖父母才能生存，那么到了青春期，孩子已经具备了自理能力，也可以为自己的言行举止负责，父母就应该给予孩子更大的自主空间，让孩子学会成长、学会负责。当然，前提是父母必须了解孩子、努力倾听孩子，这样才能够真正地走入孩子的内心，与孩子之间进行良好的互动与沟通。

赏识教育，让家庭教育开花结果

最近这段时间，妈妈改变了对待张单的策略，之前她总是批评和否定张单，还把离婚的烦恼也发泄到张单身上，现在妈妈很擅长鼓励张单，也总是竭尽所能地从张单身上发现各种优点和长处。渐渐地，因为鼓励的泛滥，张单从一开始因得到妈妈的鼓励而激动不已，到现在对于妈妈的鼓励不以为然，甚至觉得妈妈是在敷衍了事地对待自己。不得不说，妈妈的鼓励因为滥用，并没有获得最佳的效果。

有一个周末，张单起床很早，就拿出几个鸡蛋煮熟，又熬了粥，准备等妈妈起床一起吃。对于张单的这个表现，妈妈非常惊喜，当即夸赞张单：

"我的大儿子真是长大了,居然能做早饭了。哎呀,妈妈真是太幸福了。儿子,你真棒!"张单不好意思地对妈妈说:"妈妈,能不能不管我做什么都要表扬我,我已经长大了,可以做很多力所能及的事情,但是你这样的表扬让我觉得很尴尬,好像我好好表现就是为了得到你的表扬似的。"在张单的提醒下,妈妈也有些不好意思,说:"哈哈,都怪我以前没有发现你的优点,所以现在已经把发现你的优点当成习惯了。我会慢慢改正的哈!"母子俩吃了一顿愉快的晚餐。后来,每到周末,只要张单起床很早,他就会给妈妈做早饭。妈妈呢,从忍不住要表扬张单到后来的安之若素,张单也把做早饭当成了习惯。

父母的赏识对于激励孩子成长很重要,却不要为了赏识而赏识,而是应该真正意识到孩子的进步和成长,再真心诚意地去表扬孩子,这才是最重要的,也才能让孩子感受到父母的真心真意。很多事情如果默默地去做,效果会很好,但是如果有意识地反复去做、去强调,反而会使人感到变了滋味。事例中,妈妈如果继续这样不分青红皂白地表扬张单,也许张单就会不好意思继续做早饭,只能恢复到之前不被表扬的状态反而更加自在。由此可见,凡事皆有度,过犹不及。父母表扬孩子也是如此,千万不要过度,才能发乎自然,效果显著。

很多父母始终觉得青春期的孩子很容易浮躁,也容易骄傲,为此,他们常常会批评青春期的孩子,希望以此方式让青春期的孩子能够沉静下来。其实,如果父母不能掌握正确的方法和把握合适的力度,就常常会因为方法不得当或者用力过猛,而产生完全相反的作用和效果。当然,如今的孩子大多数都是独生子女,而且缺乏承受挫折的能力,父母适度给予孩子挫折打击和教育是可以的,却不能矫枉过正。

在如今的教育背景下,出于对孩子身心健康的考虑,父母应该多多赏识孩子,认可和尊重孩子。这是因为孩子把父母看得很重要,为此他们会把父母对自己的评价记在心里,甚至还会采取拿来主义,把父母对自己的评价作为自我评价。因而，父母如果肆无忌惮地批评孩子或者对于孩子提出过分苛刻的要求，也常常否定孩子，就会伤害孩子的自尊心，也会导致孩子失去自信和勇气。有些父母抱怨孩子不理解父母的良苦用心，实际上他们也不知道孩子把父母看得多么高大和重要。作为父母和孩子的任何一方，有缘分成为一家人，就应该彼此珍惜，尤其是父母要放下作为家长的架子，不要误以为自己生养了孩子，孩子就是自己的附属品或者私有物，而是要真正接纳孩子，认可和欣赏孩子，这样才能让家庭教育事半功倍。

青春期孩子正处于特殊的成长阶段，他们从小就依赖父母，也最信任父母，因此他们对于父母的一言一行都会牢牢记在心里，也会因为父母而改变自己的言行举止。父母在陪伴孩子的过程中，一定要尊重和认可孩子，也要理解孩子，蹲下去和孩子当朋友。每个人都有趋利避害的本能，渴望得到认可和赏识，而不希望被否定和批评。因此，父母不要吝啬对孩子进行赞扬和鼓励，尤其是要善于运用激励的方式激发出孩子所有的潜能，让孩子迸发出强大的力量。

当然，青春期的孩子长大了，不像小时候那么好糊弄了，因此父母在激励孩子的时候一定要讲究方式方法，而不要敷衍了事地对孩子说"你真棒"。鼓励孩子，必须针对具体的事情，也把鼓励的话说得具体而又生动，而不要总是泛泛而言，让孩子觉得自己被敷衍。鼓励孩子，可以在人后进行，也可以当着他人的面进行，在确保孩子不会骄傲的情况下，人前赞赏和鼓励孩子，会对孩子产生更加强大的力量。当然，需要注意的是，鼓励孩子的语言一定要与现实相符合，这样才会对孩子产生激励的力量。

有些孩子是很容易骄傲的，父母就要注意鼓励不要泛滥，要适度。当然，给孩子"吃了甜枣"之后，再给孩子提个醒，叮嘱孩子不要骄傲，继续努力，也是可以的。但是，一定要避免引起反感，不要让孩子觉得鼓励的目的就是为了后面的批评，那就得不偿失了。总而言之，教育孩子从来不是一蹴而就的事情，而是漫长的过程。作为父母，一定要运用好赏识孩子的法宝，才能把话说到孩子的心里去，说得孩子心花怒放，更愿意听从父母的谆谆教诲。记住，教育不但是一门技术，更是一门艺术，任何时候，要想保证教育的良好效果，就要与孩子顺畅友好地沟通，这是教育的根本所在。

适度批评，保护孩子自尊心

正值周末，家里来客人了，是姥姥和姥爷。自从妈妈和爸爸离婚之后，姥姥姥爷经常来家里看望妈妈和叶子，给她们带来水果或者新鲜的蔬菜和肉类，还总是把饭菜做好了看着叶子和妈妈全都吃到肚子里。为此，妈妈常常觉得愧疚，总觉得是因为自己离婚才拖累了姥姥姥爷，让他们跟着操心受累。

有一天，姥姥姥爷来的时候带了新鲜的昂刺鱼，还给妈妈和叶子熬了一锅鲜美的鱼汤。但是，叶子不喜欢喝鱼汤，因此很不满意地说："我想吃酱牛肉，不想喝鱼汤。"听到叶子的话，妈妈心里正难受着呢，马上对叶子劈头盖脸数落一通："你这个孩子懂事不懂事？姥姥姥爷为了照顾你，一大早就起床，先去菜场买菜，又坐轮船过江，赶着来给你做午饭。你呀，就是个白眼狼，和你那个没良心的爸爸一样，喂不饱！想吃酱牛肉，好啊，这个家什么时候轮到你挑挑拣拣了，要不你去找你爸爸吃吧，最好吃你爸爸的肉！"叶子原本只是抱怨一声，却被妈妈这么批评，马上哇哇大哭起来。

姥姥姥爷批评妈妈："你怎么啦，这么对孩子说话！孩子懂什么呢，她想吃什么，你能做就给做，不能做，就告诉我们来做。孩子本来就已经够可怜的了，你还这么说她！而且，你还当着我们劈头盖脸数落孩子，孩子不会觉得丢脸吗？"妈妈自知理亏，低下头不说话了。

孩子的世界是非常简单的，所以他们从来不知道成年人的世界多么复杂，更不知道父母有多少烦恼。为此，当父母正在因为某件事情感到心烦难过的时候，孩子却不知所以，他们依然会根据自己内心深处真实的想法来表达自己。这样一来，就撞到父母的枪口上，会被父母劈头盖脸地数落。实际上，父母要理解孩子，更要调整好情绪，不要把成年人世界的烦恼发泄到孩子身上。也许父母发泄完了，孩子的内心却留下了创伤，这当然是得不偿失的。

青春期的孩子已经长得和妈妈差不多高了，他们不但身高和体重猛增，而且心思也会发生改变，情绪更加冲动。在这种情况下，作为父母，一定要尊重孩子，哪怕是在批评和教育孩子的时候，也要考虑到孩子的感受和情绪。尤其需要注意的是，不要当着别人的面批评和训斥孩子，否则孩子就会觉得很没有面子。此外，也不要在孩子吃饭的时候、清晨起床的时候、夜晚入睡的时候批评孩子，否则会影响孩子的情绪，导致孩子睡眠不佳、消化不良，甚至一整天的心情都不好。

常言道，"金无足赤，人无完人。"每个人都会犯错误，或者是因为无意，或者是因为一时疏忽。当孩子犯了错误，父母首先要平静自己的情绪，而不是歇斯底里地对孩子发脾气。否则，父母就会激发起孩子愤怒的情绪，导致孩子与父母之间产生激烈的矛盾和冲突。还需要注意的是，即使批评和教育孩子，也不要随意责罚孩子。青春期的孩子已经长大了，他们的自尊心很强，也特别敏感，父母一定要找到合适的方式方法对待青春期孩子，而不要总是与青春期的孩子激化矛盾。正如前文所说的，父母应该成为青春期孩子的"消防员"，能够以平静和理性帮助青春期孩子解决问题，大事化小，小事化了，而不是起到煽风点火的作用。

所谓批评和教育，必须在孩子能够承受和接纳的范围内，才能对孩子的成长起到积极的推动作用，如果超出了孩子的心理承受范围，非但不能起到预期的作用，反而会导致事情变得更加糟糕，最终激发起孩子的叛逆心理，故意与父母对着干。对于父母来说，这当然是不愿意看到的。不得不说，作为父母，很有必要学习关于青春期孩子心理的知识，也要在日常陪伴孩子成长的过程中多积累经验，这样才能更加熟悉和了解孩子的心理状态与情绪感受，与孩子相处得更加融洽，给予孩子的成长更多的助力。

你欠孩子一个拥抱

这个周末，爸爸去学校里观看凯奇的足球比赛。在赛场上，凯奇挥汗如雨地奔跑，时不时地望向观众席里的爸爸。爸爸就会对凯奇挥手，给凯奇加油助威。经过和队员的配合，也经过漫长的努力，作为球队主力球员的凯奇和全体队员一起获得了比赛的胜利。他高兴极了，兴奋地脱掉身上的T恤对着爸爸所在的方向挥舞。爸爸也站起身来，对着凯奇做出胜利的手势。

凯奇奔向观众席，爸爸也奔向凯奇。在这一刻，爸爸感受到凯奇已经长大了，心中油然生出神奇的感觉，为此爸爸张开双臂迎接凯奇的到来。爸爸把凯奇紧紧地拥抱在怀里，他的胳膊那么有力量，凯奇也紧紧地拥抱着爸爸，这一刻，两个男子汉的心贴在一起，怦怦地跳动着。似乎就在这一瞬间，他们父子俩真的心连心了。

男人与男人之间，似乎很少会像女人与女人那样说一些知心的话，作为粗线条的男性总是觉得聊天是女人的专利，也因此对磨磨叽叽、细腻缠绵的交往方式产生抗拒。例子中，爸爸突发奇想，决定拥抱凯奇，果然凯奇感受到爸爸的心意，和爸爸紧紧地拥抱在一起，感受彼此的心跳和深厚的情谊。曾经有心理学家经过研究证实，人与人之间的沟通中，语言的传情达意作用只占据少部分，而面部表情、肢体语言等非语言沟通却起到大部分作用。由此可见，良好的沟通不但建立在语言沟通的基础上，还建立在默契的非语言沟通之上。作为父母，与孩子沟通的时候使用非语言沟通的方式，例如拥抱等，都是非常明智且温馨的选择。

如今，很多父母都意识到与孩子进行顺畅沟通的重要性，也知道良好的亲子关系和深厚的亲子感情必须建立在与孩子和谐相处的基础之上。然而，如何与孩子更好地沟通，对于大多数父母而言都是一个难题。尤其是在面对青春期孩子的沉默和叛逆时，父母们更是不知道如何才能打破僵局、消融坚冰。实际上，沟通的方式有很多。当语言不能起到预期的沟通效果时，那就选择面部表情作为辅助；当面部表情也表达乏力的时候，还可以用肢体动作去表情达意，这都是很不错的选择。

作为父母，你还记得在孩子小时候，你是怎样热衷于怀抱着孩子，感受孩子的温柔和细腻，嗅着孩子香喷喷的味道吗？那个时候，你对孩子的唯一希望就是让孩子健康快乐地成长。然而，随着孩子一天天长大，你对孩子的要求越来越高，与此同时，你拥抱孩子的次数越来越少。直到有一天，孩子长大了，也开始疏远你，你与孩子之间也就必然渐行渐远。偶尔，孩子突然想对你撒娇，想上来抱你一下，你也会用胳膊把孩子挡住，嗔怪道："这个孩子都多大了，害羞不害羞？"你不知道，你这个举动会让孩子距离你越来越远，直到他也不好意思再与你亲近。

人们常说，孩子不管多大，只要没有结婚生子，在父母心中就还是孩子。遗憾的是，太多的父母尽管心中把孩子当孩子，在行为举止上却在告诉孩子："你已经长大了，离爸爸妈妈远点，不需要与爸爸妈妈亲近了。"实际上，父母要真的永远都把孩子当孩子，永远都为孩子敞开温暖的怀抱，这样孩子与父母之间才会更加亲密无间，也才能感情深厚。

作为父母，如果你想与孩子亲近，那么就马上敞开怀抱迎接孩子。要知道，孩子不管有多大，他们都愿意在父母面前当孩子，愿意在失意、伤心难过的时候，继续扑在父母的怀里感受从小到大不曾改变的温暖和力量。

当然，如果孩子已经不适应和父母拥抱，父母也不要强求孩子必须抱一抱。在和孩子并排坐在沙发上看电视的时候，可以挽着孩子的胳膊或者摸摸孩子的手，甚至还可以亲昵地捏捏孩子的脸蛋，这都会让孩子感受到来自父母的温情。最重要的是，不要忘记拉近亲子关系，也可以在默不作声的情况下向孩子表达你深沉的爱，这才是最重要的。

营造合适的沟通氛围

自从与妻子离婚后，爸爸发现成成对于自己的态度就有了很大的改变。以前，成成最喜欢爸爸，因此在爸爸妈妈离婚的时候也选择和爸爸在一起，但是失去了妈妈的成成很不快乐，有的时候，成成还会抱怨爸爸没本事，不能留住妈妈。其实，成成不知道，爸爸的确很平凡，却是个不折不扣的好丈夫、好爸爸，是妈妈喜欢上了更加优秀的成功男士，才宁愿舍弃爸爸和成成。

看到成成整日闷闷不乐、郁郁寡欢的样子，爸爸很担心。有一个周末，正好成成不需要补课，爸爸决定和成成进行一次促膝长谈。成成一直都很喜欢吃牛排，为此爸爸没有在家里和成成谈话，而是把谈话地点选择在西餐厅。爸爸为成成点了他最爱吃的火焰牛排，看着成成狼吞虎咽，爸爸动情地说："成成，爸爸对不起你，这么久以来，都没有好好地给你做一顿饭，你跟着我受苦了。"成成眼泪含在眼睛里，低着头摇摇头，嘴巴里含着牛排，瞬间没有了吞咽的欲望。

爸爸说："成成，以后爸爸每个月都请你吃一次牛排，好不好？直到爸爸练得能够和妈妈一样熟练地煎牛排给你吃为止。"听到爸爸提起妈妈，成成抬起头，瞪大眼睛看着爸爸。爸爸笑着说："成成，你说爸爸没本事，爸爸承认。爸爸这一辈子也许就这样了，守着你，度过下半生。不过，爸爸希望你不要怨恨妈妈，每个人都希望过上自己梦想中的生活，妈妈也是这样的，这是妈妈的选择权利。爸爸只想让你知道，妈妈生你的时候受了很多苦、遭了很多罪，希望不管什么时候，你都爱妈妈，有机会的话，也要回报妈妈，知道吗？"成成一直以为爸爸是恨妈妈的，却没想到爸爸能够说出这样的话，他意识到爸爸真的是一个好男人，即使不是成功的男人，也照样是好爸爸。成成问爸爸："爸爸，你为什么不恨妈妈？"

听到成成问出这句话，爸爸一直悬着的心瞬间放了下来。他知道，当成成愿意提出这个问题，就说明成成想要勇敢地面对这个问题了。为此，爸爸笑起来，摩挲着成成的头说："每个人都有选择自己生活的权利，结了婚也是可以离婚的。而且，妈妈从未伤害过我和你，我们为什么要恨她呢？爸爸只希望妈妈能过得好，也希望自己能够照顾好你，让妈妈放心。"成成看着爸爸，坚定地点点头，说："我们一定要好好的。"

现代社会，离婚率节节攀升。在父母离婚、家庭破裂的事件中，受到伤害最大的就是孩子。作为父母，在离婚的时候，一定要安抚好孩子的情绪，为了孩子的身心健康，也不要在离婚的时候闹得不可开交，而是要和平分手，让孩子知道不管什么时候，他都是父母爱的结晶，也始终拥有父母的爱。当然，青春期的孩子尽管正在逐渐长大，但是他们还不能完全理解爱情和婚姻的真谛，所以面对孩子在父母离婚后出现的心理创伤，不管是爸爸还是妈妈，都有责任和义务在合适的地点和时间，与孩子之间进行深入的沟通与交流，尽量抚平孩子心灵上的创伤。唯有如此，孩子才能健康快乐地成长。

作为成年人，我们常常会有这样的感触，那就是在与人交谈的时候，在某个特定的时刻，往往会觉得交流非常顺畅，也很愿意交流。但是即使面对同一个人，有的时候也会觉得交流非常困难，彼此并不能做到心意相通，更无法心有灵犀，这样的交流进展缓慢，效果也很差。那么，明明是相同的交流对象，为何会出现这种奇怪的现象呢？究其原因，是沟通的氛围不同。有些情境是适合沟通的，而有些情境则不适合说那些掏心掏肺的话，只适合寒暄。为此，父母要想与孩子进行深入沟通，就应该营造合适的沟通氛围，这样才能最大限度地打开孩子的心扉，激发孩子的兴致，听到孩子的真心话。父母如果总是对孩子居高临下、颐指气使，导致孩子根本没有欲望和兴趣与父母继续交流，那么父母就算是用钳子也无法撬开孩子的嘴巴，更不可能听到孩子真实的心声。由此可见，"磨刀不误砍柴工"，作为父母，一定要在与孩子沟通前就精心营造沟通的氛围，这样才能让沟通进展顺利、水到渠成。

要想营造适合沟通的氛围和环境，首先，要选对地方。很多父母误以为只有家里才是与孩子展开沟通的好地方。实际上，家里很多时候并不适合进行沟通。有的家里有老人帮忙照顾生活，而老人总是隔代亲，在看到父母教训孩子的时候，常常会干涉，由此引起家庭更大范围内的矛盾，甚至惹得老人不高兴，导致教育的效果也不好，可谓得不偿失。此外，如果家里有外人在场，千万不要当着外人的面教训孩子，否则就会伤害孩子的自尊心，导致孩子对父母心生怨恨。有的时候，在户外空旷的公园里或者去孩子喜欢的餐厅等，都是不错的选择，也有助于孩子放松心情。其次，要选对时间。只有正确的地方，却没有选对时间，沟通同样不会达到预期的效果。要想与孩子促膝长谈，听到孩子的真心话，父母要选择自己与孩子都心平气和的时候进行交流。否则，只要有一方心绪愤愤不平，都无法保证交谈顺利进行。古人云："天时、地利、人和。"实际上，只有地利远远不够，还要有天时，才能获得人和。举个简单的例子，如果孩子考试没考好，自己正在郁闷呢，父母就不要在这个时候批评孩子，而是等到孩子恢复平静，相对心平气和了，再与孩子一起分析考试失利的原因，也更容易被孩子认可和接受。此外，如果是严肃的话题，就要避免在嘻嘻哈哈的情况下说出来，否则会导致孩子轻视；如果是轻松的话题，也不要在气氛非常沉重的情况下去说，显得不合时宜。总而言之，父母要对孩子做的是锦上添花、雪中送炭，而不是雪上加霜、背后补刀。

实际上，在亲子关系中，父母占据主导地位，所以即使孩子有问题，父母也要更多地反思自身，这样才能及时发现问题，也才能主动调整自己，从而建立和维持良好的亲子关系。记住：好沟通，才能成就好关系。而好沟通的前提是父母能够尊重和平等对待孩子，在与孩子进行亲子沟通的时候，也能做到理解和体贴孩子，设身处地地为孩子着想，宽容孩子。尊重与真诚总是相互的，在所有亲子关系中都是如此。

与孩子的朋友经常沟通

最近，妈妈觉得自己越来越不了解张旭了。自从升入初中，原本外向开朗的张旭变得沉默寡言，有什么事情也总是一个人闷在心里，不愿意和妈妈倾诉。为此，妈妈很担心张旭，也害怕张旭会遇到困难。

一个周末，妈妈在公园里散步，正好遇到张旭的好朋友丽娜。一开始，妈妈没有想到要从丽娜这里了解张旭的情绪，倒是丽娜主动问张旭妈妈："阿姨，张旭的《红楼梦》看完了吗？""张旭在看《红楼梦》？"妈妈心中一闪而过这个念头，马上对丽娜说："正在加油看呢！你呢，你看的是什么书？"丽娜说："我现在在看《西游记》，不过我也很想看《红楼梦》，张旭答应等她看完之后就借给我。"妈妈灵机一动，问："丽娜，你平时和张旭在一起玩，你们都玩什么啊？"丽娜很热情地回答："我们喜欢一起逛街，我喜欢那些漂亮的高跟鞋，张旭最喜欢运动鞋和短靴。她特别喜欢一双靴子，我们最近每到周末出来玩的时候，都会去看看。"妈妈很感兴趣，向丽娜问清楚张旭喜欢的靴子的品牌、款式和价格后，正好买下来作为生日礼物送给张旭，张旭非常高兴。

到了青春期，不管是男孩还是女孩，都有了更多的小心思。又因为青春期孩子的独立意识增强，不愿意继续和父母沟通与交流，为此常常会面临更多的困境。在这种情况下，父母要想了解孩子，除了要放低姿态与孩子平等沟通，以尊重和理解打开孩子的心扉之外，也可以想一些讨巧的方法，例如，通过与孩子的朋友沟通，知道孩子的心里在想些什么、对什么东西感兴趣。这样一来，父母才会更加全方位地了解孩子，也才能与孩子之间建立融洽的亲子关系，形成深厚的亲子感情。

在孩子小时候，每天都会有很多话对父母说。等到进入青春期，不知道从什么时候开始，孩子就变得越来越沉默。有的时候，哪怕父母会问孩子很多事情，孩子也并不愿意说。这样一来，父母就失去了与孩子沟通的机会，也失去了深入了解孩子的渠道。为此，父母们往往感到很心急，也会担心孩子在心理上发生未知的变化。

实际上，旁敲侧击的方法父母都是会的，那么把这个办法升华一下，父母就可以多与孩子身边的朋友去交流和沟通。当然，这样的沟通不要刻意。换而言之，就是要避免像侦探一样去调查孩子。即使通过孩子的朋友了解孩子，也应该伪装得很自然，例如，趁着孩子朋友来家里做客的时候、在集体活动中或者是在路上与孩子朋友偶遇的时候，都可以装作漫不经心地与孩子朋友攀谈，这样一来，就可以得知孩子的很多情况。

有人说："看一个人的实力，看他的对手；看一个人的底牌，看他的朋友。"对于孩子而言，也是如此。父母如果能够有机会与孩子的朋友经常沟通，就会知道孩子喜欢做什么，在学校里的表现如何，也会知道孩子的真实想法。这是因为青春期的孩子总是要找到情绪宣泄的渠道，也要找到表达的途径。如果他们不愿意和父母交流，那么就会更加愿意和同龄人交流，向同龄人倾诉。有些孩子对于朋友非常信任，甚至还会把自己的小秘密告诉朋友。那么对于父母而言，这就是非常珍贵的信息，也是不容忽视的。正因为如此，当孩子出现异常情况的时候，明智的父母会与孩子的朋友进行沟通，第一时间了解关于孩子的宝贵信息。

当然，青春期的孩子都非常重视与同龄人的交往，所以有一点需要父母特别注意，那就是孩子的朋友未必愿意把自己孩子的所思所想全盘透露给你，而是会选择为朋友保守秘密。在这种情况下，就要对孩子的朋友晓之以理、动之以情，也要告诉朋友这不是出卖和背叛自己的伙伴，而是为了伙伴好、为了帮助和保护伙伴。除此之外，父母还要注意的是，与孩子的朋友沟通也有两种方式。一种是直截了当地询问，很有可能被拒绝；一种是旁敲侧击地了解，这样才能从朋友的表达中捕捉到更多珍贵的信息。

常言道，凡事皆有度，过犹不及。父母还需要注意的是，对于孩子的事情，该打听的时候打听，不该打听的时候就不要打听。否则一旦走漏风声，孩子知道了父母在背后打听自己，他们一定会非常生气，也会因此对父母产生反感，这就得不偿失了。实际上，孩子是愿意亲近和信任父母的，大多数孩子之所以不愿意与父母沟通，或者是因为父母不了解他们，或者是因为父母总是对他们居高临下。为此，父母要想与孩子平等地沟通与交流，要想得到孩子的信任，就要真正放下父母权威和身架，与孩子平等沟通。人与人的关系都是相互的，如果父母始终强制孩子，那么只会得到孩子的反抗。因为父母作为亲子关系的主导者，要更加理解和尊重孩子，也要对孩子摆出友好沟通的姿态，才能得到孩子的信任。当然，与孩子的朋友沟通，同样要坚持这个原则。

第11章

早恋是一朵带刺的玫瑰，让青春期像雾像雨又像风

　　青春期原本就是一个很动荡的阶段，在这个特殊时期里，孩子的心总是飘忽不定，时而晴朗、时而阴雨。在这个时期，如果孩子再因为情窦初开而陷入早恋的旋涡之中，则青春期就会变得像雾像雨又像风。作为父母，不管早恋是带刺的玫瑰，还是一场重感冒，都只能坚定不移地陪伴着孩子一起度过。

早恋——哪里有压迫，哪里就有反抗

有一天，爸爸下班的时候路过丝丝的学校，突发奇想在学校门口等着丝丝一起放学。然而，让爸爸没有想到的是，丝丝是和一个男生并排走出校门的，而且还说说笑笑，看起来非常开心的样子。爸爸敏感地意识到丝丝也许在谈恋爱，为此他没有喊丝丝，而是跟在丝丝身后观察着。没想到，才走出学校大门没多远，丝丝就与那个男孩手拉着手走起来。到了即将分手的岔路口，他们还拥抱了一下。爸爸简直火冒三丈，恨不得马上上去把丝丝和那个男孩分开，但是一想到这是在马路上，一则是顾忌丝丝的面子，二则是担心在路上发生冲突有危险，爸爸总算没有失去最后的理智，强行控制自己回到家里。

爸爸比丝丝先到家，还把事情告诉了妈妈。妈妈也一头雾水，完全不知道这件事情，但是妈妈劝说爸爸不要冲动，爸爸吼道："我已经够冷静了，不然刚才在路上就把她的腿打折了，还能等到现在吗？"正说着，丝丝开门走进来，爸爸冲上去揪着丝丝的衣服领子，把丝丝拽到沙发旁，质问丝丝："刚才那个男孩是谁？"丝丝很震惊，也很慌乱，但是她竭力保持镇定，回答爸爸："同学。"爸爸怒吼道："同学？同学之间还要搂搂抱抱、拉拉扯扯吗？我告诉你，马上和那个男孩撇清关系，不然下次我可不管是不是在马路上，一定打断你的腿，让你再也不能去上学。"丝丝听到爸爸的话，马上喊起来："你管得着吗？我就要和他谈恋爱。"爸爸一个巴掌上去，丝丝的脸颊上有了五个鲜红的手指印，丝丝跑到房间里哭起来，还把房间的门反锁上了。妈妈很担心丝丝的安危，爸爸却依然在客厅里跳着脚地骂丝丝："伤风败俗，不务正业！"晚饭，丝丝没有吃。次日，就这样带着红肿得如同水蜜桃一样的眼睛去学校上学了。

当天傍晚，妈妈早早地到学校门口去等丝丝，告诫丝丝："丝丝，可不敢再这样了，知道吗？你爸爸真的能打断你的腿。你们还是孩子呢，怎么能谈恋爱呢？"对于妈妈的叮咛，丝丝一声不吭。就这样过去了一个星期，妈妈看到丝丝一切都很正常，心里紧绷着的那根弦才放松下来。但是在此期间，爸爸几乎每天都要训斥丝丝好几次，导致丝丝在家里根本抬不起头来。又一个周一，丝丝放学之后迟迟没有回家，爸爸妈妈去了学校也没有找到丝丝。到了晚上，才得知那个男孩也失踪了，大家马上想到丝丝和男孩私奔了。回到家里，妈妈检查丝丝的房间，发现丝丝带走了所有的钱和几件衣服，不由得号啕大哭起来，抱怨爸爸不该对丝丝这么极端。

青春期孩子自尊心很强，内心敏感细腻，叛逆心也很严重。原本，丝丝和男孩也许并没有太深入的关系，只是彼此喜欢、相互爱慕而已，但是被爸爸以这样极端的方式压制，他们陡然生出叛逆的心，也为了"爱情"不惜离家出走。不得不说，这么做的后果是非常严重的。而引起这个后果的很大责任就在丝丝爸爸身上。如果说青春期孩子是因为对爱情懵懂无知才早恋，那么父母理应知道孩子在青春期，性意识正在发展，因而对异性会产生强烈的好感。在这样的情况下，父母要考虑到孩子的身心发展需求，而不要盲目地对早恋的孩子进行极端管制，这么做的后果只会导致孩子们变本加厉，为了所谓的爱情而不管不顾。

很多细心的爸爸妈妈会发现，几个月的小婴儿很容易出现大小脸颊的情况，这是为什么呢？一开始，大家以为孩子的小脸颊肯定是被挤压了，孩子的大脸颊则是没有被挤压的。但是，事实证明，孩子的大脸颊才是被积压的那一侧，小脸颊则是没有被积压的。这充分向我们验证了一个事实——哪里有压迫，哪里就有反抗。实际上，"哪里有压迫，哪里就有反抗"不仅表现在孩子的脸上，也表现在生活的很多方面。

提起青春期的孩子，很多父母第一时间就会想到早恋。实际上，对于孩子来说，早恋并不是洪水猛兽，父母对待孩子早恋的态度一定要适宜，才能避免孩子因为遭到父母的压迫，就故意与父母对着干，反而把早恋进行得更加如火如荼。

早恋，是一种非常懵懂的感情，正处于青春期的孩子们并不能深刻地理解爱，所以他们往往以为自己是在恋爱，其实彼此只是产生了好感而已。又因为青春期孩子心智发育不成熟，而且内心对于未来很迷惘，为此早恋更是成了一朵苦涩的花，很容易给孩子们的成长带来各种负面作用和反面影响。因而，父母要理性对待孩子的早恋，也要让孩子知道，早恋是一朵带刺的玫瑰，让孩子端正对于爱情的态度，找准生活的重心。

对待孩子早恋，父母一定要HOLD住，千万不要不分青红皂白地反对孩子，否则就会对孩子起到反向推动力，使得孩子对爱情更加飞蛾扑火、奋不顾身。从心理学的角度而言，如果父母能够理性而又平静地引导孩子早恋，那么孩子对于恋爱的态度也就不会那么强烈。所以，父母的态度对于孩子的早恋起到了巨大的影响作用，与其采取各种不正确的方式对待孩子，还不如保持冷静、慎重思考，从而恰到好处地引导和帮助孩子，也给予孩子更加强大的力量控制好感情、管理好自己。

孩子，你知道什么是爱吗

周末，妈妈和爱华一起看电视节目。电视上正在播放的节目中，一个男孩特别喜欢一个女孩，却被那个女孩拒绝，为此恼羞成怒，因爱生恨，最终躲藏在女孩家的单元门内，对着下班回家的女孩泼了一整瓶硫酸，导致女孩严重毁容，生命垂危。

妈妈意识到这是教育爱华的一个好时机,因而问爱华:"爱华,你觉得这个男孩做得对吗?"爱华说:"当然不对。他虽然爱这个女孩,但是不能强迫这个女孩必须和他恋爱啊!人家不都说强扭的瓜不甜吗,这个人怎么这么固执和可怕呢!"妈妈笑着对爱华说:"爱华,他其实不是爱。"爱华问:"旁白不是说了嘛,他这是由爱生恨,是爱得太过火了!"妈妈再次告诉爱华:"这不是爱,而是畸形的感情。真正的爱,不是为了去占有对方就采取这样极端的方式。当一个人真心爱一个人的时候,会更加为爱人着想,甚至为了爱人的幸福而选择放手。在古时候,有两个民妇争夺一个尚且在襁褓之中的孩子,她们谁也不愿意放手,就这样带着孩子到了公堂上。公堂的老爷告诉他们,'你们使劲抢吧,谁能把孩子抢过去,孩子就是谁的'。才抢了没几下,有一个民妇就哭着放手了。这个时候,老爷喝令抢到孩子的那个民妇把孩子还给没抢到孩子的民妇,抢到孩子的民妇很惊讶,说:'我抢到孩子了呀!'老爷说:'孩子的亲妈才会放手,因为她害怕伤到孩子!'大家都为老爷的智慧鼓掌叫好,孩子也终于回到了亲妈的怀抱中。"爱华若有所思,妈妈说:"其实,真正的爱情也和父母对孩子的爱一样,是希望爱人更好的。真正的爱不是占有和得到,而是放手和付出。"爱华重重地点点头。

妈妈问爱华:"你们学校里有孩子恋爱吗?"爱华说:"应该有吧,有的男生和女生走得比较近。"妈妈说:"其实,青春期孩子情窦初开,对于异性有好感是正常的。重要的是,要以学习为重,而珍惜与异性之间的友谊。否则,青春期孩子很容易冲动,一旦陷入爱情之中无法自拔,很有可能会做出失去理性的事情。"爱华点点头,说:"据说年级里有两个男生打架,就是为了一个女孩。看来早恋虽然美好,也挺危险的。"妈妈看着爱华,说:"早恋是一朵带刺的玫瑰,其实,最美好的爱情总是要发生在最美好的年华里才能绚烂绽放。"爱华笑了。

事例中的妈妈很机智,借助电视上正在播放的节目,给爱华上了生动的一课。通过妈妈的教育，爱华原本对爱的狭隘理解也变得开阔起来。实际上，对于青春期的孩子，父母就是应该未雨绸缪地对孩子进行爱的教育和性教育。唯有把事情做在前面，才能让孩子做好准备迎接青春期的到来，这是很重要的。

青春期孩子知道什么是爱吗？他们自以为知道，而且自以为爱得很投入、深沉、热烈且伟大，并且他们做好了为爱情奉献和承担风险的准备。如果你还记得自己在青春期时对于爱情的执着追求，你就会知道，青春期孩子对于爱情的投入程度丝毫不逊色于成年人。实际上，这恰恰是因为他们对于爱情懵懂无知，根本不知道什么是真正的爱，所以才会在被他们幻化和理想化的爱之中变得失去理性、盲目冲动。

在如今的社会之中，很多青春期孩子从网络、电视等媒体中接触到各种各样的信息，受它们的影响，对于爱情更是怀着强烈的渴望。有的时候，他们也因为从不正当的途径接触性知识，因此在性意识的萌发和性冲动的产生之下，发生意外的性行为，对身体和心灵造成很大的伤害。每年寒暑假过后，总有因为意外怀孕而去医院就诊的少女，不得不说，这些少女都对于爱情太理想化，在还不懂得爱的时候，就因为爱而伤害了自己。当然，这与父母没有及时对青春期孩子进行性教育也有很大的关系。在一个国家里，因为成年人对于性的观念很保守，所以父母没有及时对孩子进行性教育，结果少女未婚先孕的发生比例很高；而在另一个国家里，人们对于性的观念很开放，父母把对孩子进行性教育作为自己不可推卸的责任和义务，也可以坦然对孩子开展性教育，结果这个国家里少女未婚先孕的比例很低。由此可见，父母及时给孩子进行性教育，是帮助青春期孩子保护自己的有效手段。

任何时候，爱都不是索取，也不是占有，而是相互珍惜、彼此保护。青春期孩子如果真正产生爱情，也知道爱是何物，那么他们就不会盲目地因为爱而伤害自己和他人。爱是很复杂的感情，独属于人类。同一个人，在人生的不同阶段，在有了不同的人生经历和经验之后，对于爱的理解也是截然不同的。正所谓"少年不识愁滋味，为赋新词强说愁。"对于爱情，很多青春期孩子其实也在跟风。每个孩子的感情成熟节奏是不同的，当看到身边有同龄人开始谈恋爱，孩子会很容易效仿，因为他们觉得恋爱是很酷的一件事情。为此，父母要引导孩子理性对待恋爱，也要引导他们深入了解爱情。还有些孩子根本分不清楚友情与爱情的区别，父母也要教会孩子分清楚什么是友情、什么是爱情，从而让孩子更加理性地对待爱情，也更加珍惜友情。

在引导孩子的时候，父母还要讲究方式方法。父母引导孩子一定要有耐心，要循循善诱，而不要在看到孩子有任何风吹草动的时候，先乱了阵脚。唯有父母保持笃定，保持冷静和理性，才能做到从容地引导孩子。此外，父母还要提醒孩子青春期的主要任务是学习，当孩子把大量的时间和精力都用于学习时，他们自然就没有时间谈恋爱。毕竟，青春期是学习的黄金时期，父母即使理解孩子对于感情的需求，也要保证孩子学习成绩稳定。父母要多关注和引导孩子，才能陪伴在孩子身边，和孩子一起顺利度过青春期。

异性的友谊同样值得珍惜

才被妈妈耳提面命地教育没多久，爱华就面临感情上的困惑。原来，爱华接到了一个男生的求爱信，她很害怕，不知道应该如何处理，甚至央求妈妈为她转学。因为爱华怕拒绝男生之后，也会遭遇电视上的女孩那样的伤害。对此，妈妈安慰爱华："爱华，得到男生的追求不是一件糟糕的事情，而是一件好事，至少说明你非常优秀啊。不过，你没有必要转学，因为不是所有的男生都是变态。此外，你在拒绝男生的时候，一定要非常慎重。有的女孩特别骄傲，拒绝男生的时候总是藐视男生，甚至对男生进行语言上的侮辱。不得不说，这是引火烧身的行为。你只要恰到好处地拒绝男生，很尊重男生，就可以得到男生的尊重，甚至还可以与男生成为好朋友呢！"

对于妈妈的建议，爱华有些难为情："异性怎么当朋友啊？"妈妈说："异性当然可以当朋友啦。其实，与异性当朋友还很有意思。因为如果都是女孩，你们都会非常小心眼儿，也很敏感，常常会发生矛盾和争执。但是你如果和男生当朋友，你就会发现男生的性格和女孩截然不同，他们的神经很粗，不会那么细腻，因此他们的心胸很开阔，从来不会因为一点儿小事情就斤斤计较。此外，在思维方式上，男生与女生也是不同的。例如，女生感性，男生理性。所以，与异性相处还可以开拓你的思路，让你变得更大方呢！当然，为了避嫌，你也要与男生保持距离，而不要过于亲近。另外，还可以和更多的男生相处，这样就不会有人说闲话了。"听了妈妈的话，爱华茅塞顿开："难怪我们班级里的一个女生就喜欢与男生相处呢！原来和男生相处有这么多好处啊！"妈妈点点头："每一份友谊都是值得珍惜的，知道吗？"爱华点点头。

后来，爱华给男生写了一封非常诚恳的拒绝的信，并且表示愿意和男生当朋友，友好相处。果然，她与男生成了很好的朋友，在学习上相互帮助，也常常交流和谈心。妈妈看到爱华把与异性的关系处理得这么好，非常欣慰，有一次还在爱华面前说："如果高中毕业后你们能够成为真正的情侣，妈妈一定大力支持。"

进入青春期，很多孩子都不愿意与异性相处，因为他们觉得与异性相处会招人闲话，也会被人嘲笑。实际上，正如事例中爱华妈妈所说的，与异性相处也是有很多好处的，只要把握好合适的度，就可以与异性成为好朋友，彼此帮助，相互扶持。

正如歌德所说，"哪个少女不善怀春，哪个少男不善钟情。"父母要理解青春期孩子的感情需求，也要接受青春期孩子喜欢亲近异性、与异性相处的心理倾向。然而，不要因此就对孩子采取极端的手段，而是要怀着坦诚的心与孩子探讨爱情，这样才能引导孩子深入了解爱情。同时，也要从容地告诉孩子与异性之间的友谊同样是值得珍惜的，从而帮助孩子结交更多的朋友，收获更多的友谊。

为了避免孩子对于某一个异性产生特殊的好感，父母还可以引导孩子与更多的异性相处，熟悉和了解更多的异性，这样一来孩子才能拓宽和异性的交际圈子，从而避免把过多的注意力集中在一名异性身上。总而言之，父母对于青春期孩子的感情动向不要过于敏感，就是真的发现孩子早恋也不要如临大敌，而是应该从容面对和理性引导。归根结底，孩子不可能永远在父母的庇护下成长，他们总是要出家门、走入社会，也最终要面临更多形形色色的人，学会与不同的人打交道，这是他们成长过程中必然要经历的阶段。

对老师的感情也许只是崇拜

拒绝了异性的追求之后，爱华对于两性之间的懵懂感情似乎开窍了。原本，当和妈妈一起看电视节目的时候，她还觉得自己距离恋爱远着呢，现在她却悄悄地爱上了一个人。她很清楚，这是一个不该爱的人，为此她非常苦恼，也因此常常心神涣散。那么，爱华到底爱上谁了呢？

一开始，妈妈对于爱华暗恋他人的事情毫不知情，因为爱华每天按时上学、按时放学，周末也和往常一样喜欢在家里看书，丝毫没有早恋的孩子总想见面的慌乱和渴盼。妈妈不知道，爱华喜欢的是班级里新来的年轻老师，所以她根本没有办法和老师恋爱，也就只能把这份感情深深地埋藏在心底里。直到有一天，爱华因为着急出门，忘记收起笔记本，妈妈按捺不住好奇偷看爱华的笔记本时，才知道了爱花的心思。但是妈妈不敢直接和爱华谈，因而一直在想办法。

有一天，妈妈接到大学同学聚会的通知，在吃晚饭的时候和爸爸、爱华说起这件事情。爱华说："你们聚会带家属吗？"妈妈灵机一动，说："我们都不带家属，但是唯独有一位同学例外。"爱华很惊讶："为什么有例外，应该人人平等啊！"妈妈笑起来，说："因为我们这位同学的家属就是我们的一个老师。"爱华惊讶地张大嘴巴半天合不拢，妈妈说："哈哈，其实他们是师生恋，只不过也没差几岁。当时，我们读大四，这位老师刚刚研究生毕业，也就比我们大六岁。他与班级里的一个女孩一见钟情，进行了一年多的地下恋情到我们毕业，他们就公开了关系。"爱华说："师生恋，好浪漫啊，不是只有电视里才有的吗？"妈妈趁机说："师生恋可不是电视里才有的。有很多学生都会喜欢老师，不仅仅在大学里如此，在初中、高中，甚至是小学，这种情况都有可能发生。不过，这些学习阶段中，师生恋成功的概率特别小。"爱华问："为什么呢？"妈妈说："因为老师和学生的差距太大。尤其是这些小不点学生之所以喜欢上老师，就是因为老师知识渊博，所以他们是崇拜老师，而不是喜欢老师。等到升学了，不再在老师的班级里学习了，他们很快就会忘记老师的。"爱华的眼神暗淡下来："这么说，师生恋成功的概率很低啊！"妈妈说："当然。我当年还喜欢我的初中物理老师呢，觉得老师真帅啊，现在想来，老师就是个小老头，哈哈，不过物理老师的确很有思想，教学水平也很高，所以迷倒了一大片女生！"听到妈妈自曝短处，爱华又笑起来。

这件事情之后，妈妈明显觉得爱华的心思沉静下来了，再也不像此前那样经常发呆了。实际上，这是因为妈妈现身说法，打消了爱华喜欢老师的念头或者说让爱华把对老师的喜爱之情深深地埋藏在心底了。后来，爱华考上高中，再也没有提起过初中时爱慕的老师。

学生喜欢老师，在青春期孩子中，这样的事情并不罕见。这是因为有一些年轻的老师只比学生大几岁或者十几岁，因而和学生之间的年龄差距并没有那么大。但是，老师的身份截然不同。老师和学生相比博学多才、风度翩翩，也因此比同龄人更能够吸引女孩的注意。其实，这是因为女孩的心理成熟比男孩更快，为此女孩总是看不上身边同龄、幼稚的男孩，而对男老师情有独钟。

在青春期，女孩情窦初开，对于爱情有着无限的憧憬。除了同班同学之外，女孩接触最多的就是异性老师，为此女孩很容易因为学习的便利对于那些年轻男老师产生好感，甚至对于那些年长的、和爸爸年纪相仿的老师产生好感。在这种情况下，父母不要过于激烈地禁止女孩的感情，而是要以引导的方式告诉女孩，很多学生对老师不是真正的爱，而是崇拜，也要让女孩区分清楚爱与崇拜、爱与喜欢之间的不同之处。唯有如此，女孩才能渐渐地摆正自己与老师之间的关系，也能够控制好自己的感情，从而更好地与老师相处。

与此同时，父母还可以告诉青春期孩子，爱不但是一种复杂而又冲动的感情，而且是一份责任和义务；爱不是镜中花、水中月，而是实实在在的相处，也是一生一世的相守。女孩越是深刻地认知爱情，越是能够分清楚自己的感情，越可以对自己负责。当然，孩子喜欢老师总比讨厌老师更好，父母要引导孩子把对老师的爱慕之情、崇拜之情转化为学习的动力，这样一来，就可以对孩子的学习起到积极的推动和促进作用。

当孩子出现同性恋倾向

有一天回到家里,爱华神秘兮兮地告诉妈妈:"妈妈,妈妈,我跟你说一件奇怪的事情,是我无意间发现的。"妈妈很惊讶,问:"什么奇怪的事情,能让你这么惊奇?"爱华压低声音对妈妈说:"我们班级里有两个女生常常拥抱在一起,而且有一天在学校操场的银杏树下,我还看到她们躲在大树后面互相亲吻,就像那些早恋的情侣一样。"妈妈也很吃惊,嗔怪爱华:"哎呀,你声音这么小干吗,家里只有我们两个人。"爱华不好意思地笑了:"我觉得这是一个惊天大秘密,就忍不住压低声音。"妈妈沉思片刻,说:"你说的这两个女孩,也许是同性恋。"爱华很震惊:"同性恋?这个世界上真的有同性恋吗?我一直觉得同性恋只存在于传说之中。"妈妈说:"爱华,同性恋虽然不被世俗所接受,其实也是一种感情,只不过有些畸形而已。很多同性恋的人是因为小时候受到错误的性导向,或者是因为长大之后内心受到创伤,就对异性不感兴趣了。作为正常人,我们要尊重他人,不要带着异样的眼光看待他们。"

爱华好奇地问:"同性恋是不是一种病,可以治好吗?"妈妈说:"其实,孩子随着不断成长,性取向也会改变的。如果父母觉察到孩子的性取向有异常,可以引导孩子多与异性相处,但是不能棒打鸳鸯,否则就会导致孩子的同性倾向更加严重。"爱华点点头,说:"还真的是挺麻烦的,我觉得还是和异性恋爱吧!"妈妈严肃地对爱华说:"和异性恋爱,也要等到好时机遇到对的人哦!"爱华说:"那当然。"

青春期孩子为何会出现同性恋的倾向呢？有的孩子是因为父母管教过于严格，因而渐渐地对于与异性交往失去兴趣；有的孩子是因为恋爱受到挫折，导致恐惧与异性恋爱；还有的孩子是因为交往的人都是同性，因而渐渐地对同性产生好感。总而言之，孩子出现异常行为的背后一定有深层次的心理原因。作为父母，不要盲目地指责孩子，而是应该通过观察找到孩子出现同性恋倾向的深层次原因，从而才能有的放矢地引导孩子，缓解孩子的异常表现。

实际上，也有些父母是对于孩子的行为过于敏感的。曾经有心理专家指出，有些青春期孩子只是觉得好玩，才会在一起模仿电视、网络上出现的亲热镜头，而并不是真正的同性恋。也有的孩子喜欢中性打扮，是审美观念导致的，而并非想把自己假扮成男生或者女生。因而，父母不要对孩子的同性恋倾向妄下定论，而是要更加认真地观察孩子，慎重地评价孩子的行为。为了防止孩子成为真正的同性恋，父母一定不要严厉禁止孩子与异性交往。前文说过，与异性相处，对于青春期孩子而言是很重要的经历和体验，如果父母把孩子的人际交往限定在同性之内，也会无形中影响孩子的性取向。

明智的父母会让孩子珍惜与异性的友谊，也会鼓励孩子结交异性的朋友。毕竟男性与女性还是有明显区别的，与异性相处可以让孩子的心理发育更加完善和健全，也可以让孩子感受到异性的魅力，从而对于异性产生好感。

此外，对于父母来说，还有一点是需要特别注意的，即不要等到孩子进入青春期，在性取向方面出现异常时，父母才关注孩子的性取向问题。实际上，孩子的性取向是从小就形成的。很多父母因为生出来的孩子性别不合心意，就会给孩子穿上异性的衣服。例如，想要女儿的父母生出了儿子，就把儿子当成女孩打扮，给儿子穿上裙子。再如，想要儿子的父母生出了女儿，就把女儿当成男孩子来养，有的父母甚至对着女儿一口一个"儿子"地叫着。不得不说，这对于孩子形成性别意识、对自己进行性别定位是极其不利的。作为父母，不要因为自己的喜好就随便地打扮孩子，导致孩子无法正确认知自己的性别，甚至在长大之后也会出现性别错乱的现象。由此可见，明智的父母会从孩子小时候起就着手把女孩培养成淑女、把男孩培养成英雄。而作为孩子的第一个榜样人物，爸爸或者妈妈也要有明确的性别表现，从而让孩子有榜样可以参照和模仿。

第12章

人生何处无挫折，
勇敢面对才是人生强者

　　这个世界上，从未有始终开阔平坦的道路可以走，走到一定的地方，你就会遇到坎坷和泥泞，也有可能要脚踩荆棘。这正是人生的常态——不如意十之八九，你要做的不是逃避，也不是畏缩，而是勇敢面对，成为人生真正的强者。

遭遇挫折是生活的一种状态

拉吉夫是印度前总统甘地的儿子,对于拉吉夫的教育,甘地夫人始终有着自己的教育原则。

12岁那年,拉吉夫身患重病,医生建议马上手术治疗。确定手术的治疗方案之后,在真正进行手术之前,医生和甘地夫人进行术前谈话,考虑到拉吉夫还是个孩子,医生建议甘地夫人安慰拉吉夫,告诉拉吉夫手术并不痛苦。但是,甘地夫人对于医生的建议没有采纳,她对医生说:"拉吉夫已经12岁了,他可以面对痛苦,也可以承受痛苦。"为此,甘地夫人对准备进入手术室的拉吉夫说:"手术很痛苦,而且在手术之后,你还会有几天都很难受。对于这一切,你必须独自承受,因为病痛在你的身上,没有人能够替代你。你如果实在忍不住,可以哭喊,但是哭喊无济于事,还会导致病痛加重,所以你要自己做出决定。"在听完妈妈所说的话之后,拉吉夫勇敢地进入手术室,对于手术后的痛苦,拉吉夫不是抱怨,而是默默地承受着。手术之后,他很快就恢复了健康,变得活蹦乱跳、精神抖擞、精力充沛。后来,拉吉夫还真诚地感谢了医生。

和甘地夫人的教育原则截然不同,很多父母在孩子即将承受痛苦的时候,总是会以各种方式哄骗孩子。例如,年幼的孩子去打针,他们会告诉孩子打针一点儿都不疼,为此孩子兴致勃勃地去打针,当感受到疼痛时,对于爸爸妈妈所说的话再也不相信。还有的父母,即使对于青春期的孩子,也是以回避的态度为主,根本不会正面告诉孩子将会发生什么。其实,这是对孩子的轻视,也是不信任孩子的表现。实际上,很小的孩子就能学会接受一些事情。例如,你告诉一个3岁的孩子必须拔掉被腐蚀的牙齿,他虽然感到痛苦,却会坚持躺在诊疗椅子上不动,配合医生的治疗。他的勇气从哪里来呢?因为他很清楚接下来将会发生什么。反之,如果父母骗孩子拔牙一点儿都不疼,那么在医生刚刚开始治疗、他们感到不适的时候,他们就会歇斯底里地喊叫,因为他们不知道接下来将会发生什么,也不知道自己将会承受怎样的痛苦。孩子总会长大,父母不可能哄骗他们一辈子,明智的父母会根据孩子的身心发展阶段来决定告诉孩子什么,也引导孩子学会接受和承担。唯有如此,孩子才会更加健康地成长,也因为持续和循序渐进地接受磨难和挫折,从而变得更加勇敢和坚强。

如今的孩子之中,很少有孩子感受到生活的艰难和苦涩,这是因为大多数孩子都是独生子女或者最多有一个兄弟姐妹,他们都是父母手心里的宝贝,父母把他们捧在手里怕摔了、含在嘴里怕化了,想把自己所有认为好的都给他们。正是在这样的娇惯之中,孩子们渐渐形成了以自我为中心的习惯,不管做什么事情都会奢求得到满足,也很少会考虑到他人的需求和感受。实际上,遭遇挫折正是生活的一种状态,父母即使再爱孩子,也不可能永远陪伴在孩子身边庇护和照顾孩子。明智的父母知道,要及时对孩子放手,这样才能及时提升和锻炼孩子的能力,也才能增强孩子抗挫折的能力,让孩子真正做到越挫越勇。

遗憾的是,有很多父母只顾着把自己认为好吃的、好喝的提供给孩子,却忽略了培养孩子应对挫折的能力。为此,孩子看起来非常优秀、多才多艺,但是一旦遭遇打击和挫折,他们就会变得萎靡不振,甚至沮丧绝望。可想而知,这样的放弃和退却虽然避免了失败,却让孩子也彻底与成功无缘。真正的强者不是那些得到天时、地利、人和而获得成功的人,而是能够在挫折和磨难面前越挫越勇的人。当孩子无惧困难,顶风冒雨依然在人生的道路上砥砺前行时,他们就真正长大了。

青春期之所以重要,是因为在青春期,孩子需要形成各种优秀的品质与品格。对于青春期教育而言，挫折教育更是必不可少的，父母对于孩子的期望越大，就越应该激励孩子不断地奋发向上、努力前行。就像高尔基笔下的《海燕》，如果不能在与暴风雨搏击的时候表现出勇气和毅力，它们就一定会被暴风雨吞没。孩子也是如此，他们可以长得没有那么高大威猛，但是内心一定要坚强。对于父母而言，给孩子留下再多的物质财富，也不如给孩子留下强大的精神力量。

古今中外，无数成功者之所以获得成功，并非因为他们有天赋或者得到了命运的偏爱，而是因为他们能够从苦难和挫折中站起来，勇敢地面对自己、面对未来。一个孩子如果从来不知道苦涩的滋味，也就不知道什么是甘甜；一个孩子如果从来没有经历过苦难，也就不会懂得感恩和感激。记住，命运是无情的，不会偏爱任何人，也不会特别照顾任何人。在人生的道路上，只有砥砺前行、勇往直前、不惧未来的人，才能真正地突破和超越自我，也才能真正地重塑和成就自我。

孩子，你终将长大

有个女孩，学习成绩在班级里名列前茅，而且智商情商都很高，人缘也不错。她是家里的长姐，下面还有一个小弟弟。这样幸福和睦的四口之家，一子一女凑成了"好"字，是人人看了都非常羡慕的。然而，突如其来的灾难让这个四口之家瞬间陷入巨大的悲痛之中。原来，女孩在用零花钱给小弟弟买了零食，放在小弟弟的卧室门口之后，选择了自杀。到底发生了什么？父母一无所知。直到看了女孩留下的遗书，他们才知道事情的始末。

原来，最近几天班级里有个同学丢了东西，为此老师正在调查。因为女孩在体育课的间隙里曾经回过教室,所以同学之间就传出来风言风语,有的同学说女孩是偷东西的贼,而老师对于女孩半途回到教室的行为也有疑虑,所以只说要调查,而没有当即还给女孩清白。女孩觉得自己当着全班同学的面被怀疑是贼,简直太丢人了,她无法继续面对同学,也不知道要怎样向别人诉说苦楚,最终她选择自杀来还给自己清白。

这样一个品学兼优的女孩,在被误会偷东西之后,就选择自杀来洗白自己,却没有想到一个幸福的家庭瞬间遭遇灭顶之灾,爸爸妈妈的心痛无以复加,妈妈甚至几次轻生要追随女孩而去。在追究老师不负责任的同时,作为父母,我们还应该带着沉痛的心情深刻地反思,是什么让女孩这么脆弱、不堪一击呢?是过往生活的顺遂如意,是父母的全面呵护与保护。然而,生活从来不是蜜罐,而是一个打翻了的具有人生百味的坛子。越是成长,孩子就越是会在生活中遇到各种各样猝不及防的事情。既然父母不能时刻保护孩子,那就要给予孩子强大的内心,让孩子知道如何从容应对,至少也要知道在遇到难处的时候向父母求助。

在2018年夏天,云南发生了一起恶性伤人事件,受害者为一对老夫妻,施害者对这对老夫妻捅了几十刀,真正是血流成河。然而,事情的起因让人感慨唏嘘。这对老夫妻曾经在水果摊上买了半个西瓜,或许因为天热保存不当,他们吃了西瓜之后闹肚子,还去医院输液了,为此来到水果摊索赔。一开始,摊主同意赔偿30元,因为老夫妻不同意,摊主答应赔偿300元,但是老夫妻居然要求赔偿10000元。摊主不答应,老夫妻就决定在水果摊面前大闹大骂七七四十九天。结果,老夫妻骂到第三天的时候,摊主拿起水果刀给了老夫妻几十刀。后来,摊主给妈妈和妻子打了个电话告别之后,也跳河自杀了。这样的悲剧之所以会发生,让人陷入对伪命题"到底是老人变坏了,还是坏人变老了"的无果思考中。实际上,老夫妻的确是胡搅蛮缠想讹人,但是作为那个杀人者,难道真的愿意用自己的性命去陪葬,也愿意为了一时的意气就抛下年迈的老母和妻子儿女吗?事情发生得猝不及防，也让人感慨唏嘘。不得不说，这个摊主一定在年少时就缺乏对挫折的承受力，所以才会被老夫妻激怒到失去理性。生活从来都是复杂且残酷的，父母要让孩子更好地生存，除了要督促孩子学习之外，更要先帮助孩子形成健康的心理品质，这样孩子才能笃定地面对人生。

　　前文说过，父母即使再爱孩子，也不可能永远陪伴在孩子身边，更不可能庇护和照顾孩子一辈子。若父母总是不愿意对孩子放手，总是全方位无死角地监管和照顾孩子，孩子的成长过程的确会很顺利，也不会受到伤害，但是有朝一日当父母老去甚至撒手人寰的时候，还有谁能够继续"罩着"孩子呢？所以，明智的父母很清楚，父母对孩子最大的害就是溺爱孩子，父母对孩子做出的最理智且负责任的行为，就是对孩子及时放手，让孩子获得成长和进步的机会。

　　不管作为父母是否愿意，孩子终将长大，父母也终将老去。有些父母到了迟暮的时候，总是抱怨自家的孩子不争气，不能顶天立地。其实，这怪谁呢？父母也会羡慕别人家的孩子有本事，把年迈的父母和年幼的孩子照顾得都很好，事业风生水起，家庭和睦幸福。那么又请问，别人家孩子的本事到底是从哪里来的呢？孩子不会生而勇敢，也不会生而怯懦，孩子最终成为怎样的人，只有小部分取决于先天因素，大部分都取决于后天的成长。父母想让孩子成长为怎样的人，就应该照着那样去引导孩子成长。唯有父母给予孩子更多的机会去锻炼，孩子才能在成长的道路上变得越来越强大。

　　如今，太多的父母都处于教育焦虑状态，总是过分看重孩子的学习成绩，对于孩子的关心也仅限于学习。实际上，如果孩子没有健康强大的内心，他们根本不可能应对人生中接踵而至的考验和磨炼。就像一棵小树，只有扎根很稳、很深且很正，才能不断地成长为参天大树。反之，如果一株小树苗一开始就歪歪斜斜，那么无论它多么努力，也无法成为栋梁之材。父母教育孩子，一定要知道什么是根本，才能避免本末倒置。例如，让孩子先成人再成才，这是正确的顺序。如果让孩子先成才，却忽略了对孩子品质的培养,那么孩子即使有再多的才华又有什么用呢?近几年,因为学习压力的增大、学业负担的增重,偶尔会发生初中生、高中生自杀的悲剧。这一则是因为孩子们承受挫折的能力很差,二则也是因为父母对于孩子的心理健康不够关注。任何时候,生命都是1,其他生命中的一切都是0。如果没有1,0就失去了意义。所以,父母一定要笃定,对于孩子的教育问题要拎得清——知道什么是基础、什么是作为基础之上的万丈高楼。

不可否认,如今的青少年心理承受能力的确太差了,这与他们一直以来都生活在蜜罐里有很大的关系。大多数父母都把孩子当成"眼珠子""心尖子"来疼爱,而没有想到孩子终究要长大,不可能一辈子都得到父母的庇护。在孩子小时候,父母总是过度保护孩子,不敢让孩子奔跑,怕摔着孩子;孩子上了小学,不敢让孩子独立上学与放学,怕遇到坏人;等到了初中,孩子独立意识越来越强,不愿意再当父母的小尾巴,父母才发现到了不得不放手的时候,还没有培养孩子的独立能力呢!明智的父母会选择及早对孩子放手,也不会凡事都面面俱到帮孩子想在前面。有的时候,他们明知道孩子说的是错的,也知道孩子会因此而摔跟头,但是他们就是不劝阻孩子,就这样眼睁睁地看着孩子不撞南墙不回头,也鼓励孩子主动、勇敢地承担责任。记住,没有孩子是天生的强者,只有在不断接受磨炼的过程中,孩子才能逐渐成长起来。作为父母,在能帮助孩子的时候,要对孩子放手,这样将来在有朝一日父母无力帮助孩子的时候,孩子才能为整个家庭撑起一片天。

棍棒底下出逆子

伟大的成功学大师卡耐基很懂得批评的艺术。有一次,卡耐基临时决定次日要去演讲,为此他特意从外面赶回办公室,告诉秘书莫莉:"帮我准备下演讲稿,我明天上午就要演讲。"说完,卡耐基就离开了。当时,莫莉还有一刻钟就要下班了,而她还着急在下班后做自己私人的事情,为此,她急忙帮助卡耐基整理好演讲稿,然后将其放到卡耐基的办公桌上就匆匆忙忙下班了。

次日清晨,卡耐基从办公桌上拿了演讲稿,就放入公文包赶往演讲的地方。到了演讲场地,演讲马上就开始了。卡耐基来不及看演讲稿,就拿着演讲稿走上演讲台。当天的演讲题目是关于努力进取的,但是卡耐基对着演讲稿念道:"关于如何提高奶牛的产奶量……"卡耐基一句话还没有说完,台下的听众们就都哈哈大笑起来。卡耐基这才意识到自己的演讲稿错了,他当即收起演讲稿,开始临场发挥,脱稿演讲。因为有着丰富的演讲经验,卡耐基的演讲非常成功。中午时分,卡耐基回到办公室,莫莉问:"先生,您的演讲一定非常精彩吧!"卡耐基说:"哈哈,的确很精彩,我才说了半句话,听众们就都开始鼓掌喝彩……不过……他们是在喝倒彩……"莫莉很惊讶:"为什么呢?"这个时候,卡耐基把演讲稿递给莫莉看,说:"因为我说的不是让人如何努力,而是如何让奶牛提高产奶量。"看了演讲稿一眼,莫莉就面红耳赤,赶紧向卡耐基道歉,卡耐基说:"没关系,我正好借此机会验证了自己临场发挥、即兴演讲的能力!"莫莉郑重其事向卡耐基道歉,并且保证以后再也不会发生这样的事情。后来,莫莉对待工作非常认真，再也没有发生过因为着急下班拿错演讲稿的事情。

毫无疑问，莫莉是因为接到准备演讲稿的任务比较晚，又因为着急下班，才会出现这样的低级错误。对于莫莉让自己当众出糗的事情，卡耐基并没有抱怨，更没有严厉指责莫莉，而是宽容地对待莫莉，甚至还和莫莉开了个小小的玩笑。因为卡耐基处理适宜，所以莫莉主动深刻反思自己的错误，再也没有犯过类似的错误。试想一下，假如卡耐基指责莫莉，莫莉对于自己错误的愧疚感就会降低，也不会那么真诚地反思错误，甚至还有可能抱怨卡耐基要到下班的时候还给她分派工作任务呢！作为父母，如果我们能把卡耐基对待莫莉的批评艺术运用好，用来对待孩子，那么一定能够避免棍棒教育，而真正打动孩子的心，让孩子主动反思且认识到自己的错误。

古人云，"棍棒底下出孝子。"很多人受到古人错误教育思想的影响，也就在无形之中开始实践对孩子的棍棒教育。从社会环境的角度而言，封建社会主张"夫为妻纲，父为子纲"，而在现代社会，夫妻平等、父母与子女要平等，因此适用于封建社会的"棍棒底下出孝子"已经完全不适应现代社会。作为父母，不但要随着孩子的成长与时俱进地进步，也要跟随社会发展的脚步努力向前，这样才能找到适宜的方法教育孩子，也让家庭教育的效果事半功倍。

和以往的孩子心思简单、智力开化较晚相比，如今的孩子心思非常复杂，智力开化比较早。对于父母而言，一定要更加理解和尊重孩子，才能真正打开孩子的心扉，也才能有的放矢地教育和引导孩子。主张棍棒教育的父母往往不能静下心来倾听孩子到底在说什么，只有真正尊重和平等对待孩子的父母，才能在不断成长的过程中，与孩子相依相伴、结伴而行。很多父母都把与孩子共同成长挂在嘴上，殊不知，这不是教育的口号，而是教育的方针，也是需要切实执行的教育原则。

"金无足赤，人无完人。"即使作为父母，也不能保证自己在所有事情上都坚持正确的原则。对于孩子，父母更要怀着理解和宽容的态度接纳孩子的本来面貌，也接纳孩子的错误，从而有的放矢地引导孩子去进步和成长。

在人生的漫长道路上，每个人都要踩着错误的阶梯才能不断前进，真正的人生强者也是能够在错误之中怀着积极进取的态度，才能努力进取、坚持进步的。因而父母不应是孩子错误的提出者，而应该成为帮助孩子改正错误的引导者，这样才能真正陪伴在孩子身边，与孩子一起携手并肩、砥砺前行。很多父母会轻视孩子，觉得孩子还小，理解能力有限，为此不愿意和孩子进行太多的沟通，实际上父母完全轻视了孩子的理解力。孩子再小，就算是不能理解父母言语意思的婴儿，也能通过观察父母的表情、神色与肢体动作，感知父母的情绪。因此，只要父母与孩子平等沟通，发自内心地尊重和理解孩子，孩子也就会与父母积极沟通，彼此倾心交谈，相互了解和交流。

输得起，才是人生强者

最近，学校里要举行征文比赛，老师推荐一向文笔出彩的丹妮参加。丹妮从小就喜欢看书，文思敏捷，才思细腻，为此她很高兴地接受了这项光荣的任务，还说自己一定会为班级赢得荣誉。很快，丹妮就根据征文的主题写了一篇作文交上去。

一个月后，征文比赛的结果出来了，原本信心满满要为班级赢得荣誉的丹妮很失望，因为她非但没有获得一等奖，就连三等奖也没有得到。丹妮郁闷极了，不知道这到底是怎么回事，还因为恼羞成怒而哭起来。老师安慰丹妮："没有人能保证自己每次都胜出，因为人外有人，天外有天，所以每个人都要非常努力和勤奋，才能不断提升自己。希望你能够从失败中汲取经验和教训，再接再厉，争取在下次比赛中获得好成绩。"老师的话并没有让丹妮恢复平静，她更加沮丧，认为老师断言她是个失败者。回到家里，丹妮甚至对妈妈提出想要转学，妈妈丈二和尚摸不着头脑，以为丹妮在学校里发生了什么事情，因而赶紧打电话询问老师具体情况。老师对丹妮妈妈说："丹妮只是在学校的征文比赛中没有获得名次而已，这是正常的，我也已经告诉过她要如何面对了。"妈妈这才放下心来，对丹妮说："一次征文比赛失利没关系的，继续努力就好。"丹妮说："但是，我已经承诺老师和同学们要为班级争得荣誉。"妈妈说："傻孩子，在比赛的结果没有出来以前，没有人敢做出这样的承诺，因为你不知道自己将会遇到怎样的对手。我觉得，你还是要摆正心态，在未来的人生道路上，你还有可能遭遇失败，怎么能这么消极对待呢？你只要努力，勤奋进取，老师和同学就会看到你的态度，也会对你充满信心……"在妈妈的一番鼓励和开导下，丹妮这才解开心结，决定一定要更加努力，迎难而上，超越自己。

真正的成功者，不是每次都能从众多竞争者脱颖而出，让自己的人生璀璨夺目。相反，他们常常会陷入各种被动的境遇之中，而他们之所以能够获得成功，不仅仅是因为他们有着过人的天赋和超强的能量，更是因为他们有着坚韧不拔的决心和顽强的意志力。正因为如此，他们在面对失败和困厄的时候，才能始终振奋精神、斗志昂扬、绝不屈服、迎难而上。所谓强者，正是那些能够突破和成就自我的人，因为对于未来有着无限的憧憬，对于人生也有着强大的承受能力，他们才能成为强者，才能坚定不移地在人生的道路上勇往直前。

如今，很多孩子之所以输不起，一则是因为他们在成长的过程中过于顺遂如意，也就理所当然地认为自己无所不能，是整个宇宙的中心；二则是因为父母对待孩子输赢的态度过于认真和较真，甚至有些父母只允许孩子赢，不允许孩子输。可想而知，长此以往，孩子们渐渐地就会变得越来越脆弱,根本无法接受失败。要想让孩子端正对于成功和失败的态度,父母首先要对输赢摆正态度。正如事例中妈妈所说的,面对比赛,在结果没有出来之前,没有任何人敢于做出一定会赢的承诺,因为一个人固然了解自己,却不了解对手。哪怕已经拼尽全力,却不知道对手在努力的过程中迸发出怎样的力量。在这种情况下,只能尽力而为,而不能盲目自信。

具体而言,在教育孩子的过程中,父母要做到以下几点。

首先,父母要允许孩子失败。在这个世界上,即使是再强大的人,也不可能只有成功没有失败。尤其是对于孩子而言,所谓成长的过程,正是不断地战胜失败、获得成功的过程。没有人可以代替孩子走过失败,作为父母,更是不要避免孩子经历失败。正如一首歌里所唱的,"不经历风雨怎能见彩虹,没有人能随随便便成功。"孩子也必须经历失败的打击和磨难,才能渐渐地走向成功,而父母的过度保护只会让孩子脆弱得不堪一击。

其次,如今有太多的父母都把孩子当成"心尖子""命根子",无形之中就会对孩子保护过度,从来不让孩子去冒险,更不让孩子面对任何风险。不得不说,如果把孩子养育成温室里的花朵,孩子还如何能够展开翅膀在人生的广袤天空中翱翔呢?记住,要想把孩子培养成雄鹰,就要像鹰妈妈一样把雏鹰推下悬崖;就要像鹿妈妈一样一次次踢倒勉强挣扎着站起来的幼鹿。遗憾的是,这些动物界的妈妈都能做到的事情,很多人类的妈妈却做不到,她们总想给孩子最好的,而忽略了父母的溺爱是对孩子最大的伤害。父母固然爱孩子,却要掌握正确的方式方法,真心为了孩子好而去做很多看似狠心的事情,这才是真正伟大的爱。

最后,父母要给予孩子更多的机会,让孩子亲自面对困难、解决问题,从而提升孩子承受挫折的能力。很多父母恨不得一切都为孩子包办,只为了让孩子有一个真正无忧无虑的童年。常言道,"穷人的孩子早当家。"为什么这么说呢?是因为在贫穷的家庭里,父母能力有限,孩子也就会更早地懂事,从而尽力去帮助父母照顾家庭。在这样早当家的过程中,孩子各方面的能力都得到提升,内心也会变得更加强大。这样的孩子,有朝一日离开父母的庇护，独自去面对人生，一定会迸发出更强大的力量，从而成为真正的人生强者。总而言之，人生从来不是顺遂如意的，每个人在人生道路上都会遇到各种各样的坎坷和挫折，既然如此，就要历练成为真正的人生强者，才能风雨无阻、勇敢无畏、砥砺前行！

战胜恐惧

最近，妈妈发现小娜特别怕黑。对此，妈妈有些不以为然，常常嗔怪小娜："你都多大了，还怕黑，都是大姑娘啦！"然而，小娜就是无法战胜对黑暗的恐惧。爸爸觉得小娜很反常，因为小娜从小就不怕黑，为何现在长大了，反而怕黑了呢？爸爸询问小娜为何怕黑，这才知道小娜有一天晚上下了晚自习回家的时候，因为路灯突然熄灭，所以被突如其来的无边黑暗吓到了。

为了帮助小娜战胜恐惧，爸爸特意带着小娜来到伸手不见五指的、被黑暗笼罩着的操场中。爸爸告诉小娜："走进去，这个操场和白天一样。"小娜战战兢兢、如履薄冰地往前走，她很害怕黑暗中藏着未知的事物。当小娜终于鼓起勇气走到操场里的时候，爸爸让人打开操场的灯，小娜确定操场和白天一样，那么平静祥和、那么空旷美好。如此经过几次直面恐惧的训练之后，小娜渐渐地战胜了对于黑暗的恐惧，也变得更加大胆起来。但是，爸爸也没有忘记告诉小娜："对于不熟悉的黑暗环境，还是要胆大心细的，要等到摸清楚周围的情况之后，才能放松警惕。只有这样做，才能有效保护好自己。"小娜重重地点点头。

从某种意义上看，恐惧本不是一件坏事情，是由人们自我保护的本能产生的。就像事例中爸爸所说的，在面对未知的黑暗环境时，还是要非常小心地弄清楚情况才能确保安全。青春期孩子的恐惧，常常因为不愉快的经历而产生，在这种情况下，父母要为孩子揭开恐惧的面纱，告诉孩子一切都很正常。这就像是心理学上的脱敏疗法，能够帮助孩子在经过几次训练之后成功地战胜恐惧。例如，有些成年人也会因为小时候曾经被狗咬伤，所以看到狗就会很害怕；因为曾经被水淹过，甚至有过在水中垂死挣扎的经历，因而一看到水就会感到窒息的恐惧。在心理学领域，这样的恐惧只有通过直接面对的方式，让人心中对于恐惧脱敏，才能有好的治疗效果。总而言之，恐惧形成的原因多种多样，尤其是对于还没有完全成长和成熟的孩子而言，恐惧更是时常发生，那么父母要关注孩子的心理和情绪状态，才能及时给予孩子支持，帮助孩子战胜恐惧。

在这个世界上，最可怕的是什么？对于这个问题，每个人都有不同的答案。有人怕黑，有人怕困难，有人怕遇到突如其来的灾难，有人害怕面对不可预知的未来……不管害怕什么，实际上人们怕的都是恐惧本身。那些千奇百怪的事情只是引起人们内心恐惧的缘由，而真正打败人们的，是恐惧本身。为此，战胜恐惧本身很重要。很多熟悉历史的父母或者孩子都喜欢谈笑风生、胸有成竹的诸葛亮，其实除了诸葛亮的神机妙算之外，我们更喜欢和欣赏，甚至也可以说是羡慕诸葛亮不管面对什么事情都气定神闲的气度。诸葛亮为何能做到如此从容镇定呢？就是因为他战胜了恐惧本身，也就战胜了很多会让他感到恐惧的人和事情。

对于青春期孩子而言，他们的心智尽管在发展之中，却还是非常稚嫩的。青春期孩子的自我调节能力远远不如成年人那么强大，尤其是在面对很多未知的、让人心生畏惧的事物时，他们也难免会感到恐惧。在这种情况下，孩子们本能的反应就是躲避。父母不要一味地指责孩子胆小怯懦，而是要想办法激发孩子的勇气，帮助孩子深入认知各种事物或者告诉孩子们如何才能战胜内心的胆怯。这些都需要父母足够耐心，对孩子循循善诱。

当然，也有很多孩子之所以会逃避各种事情，是因为缺乏信心。很多父母出于保护孩子的目的，常常会对孩子过多地限制和禁止，例如，不让孩子做这个事情、不能让孩子做那个事情。渐渐地，孩子就会变得越来越胆小怯懦，甚至什么事情都不敢做。实际上，这样的父母看似爱孩子，在全方位保护孩子，实际上却是害了孩子，会导致孩子在面对很多事情的时候都无法充满勇气，也就失去了很多成长和进步的机会。作为父母，一定要更加爱孩子，找到合适的方式与孩子相处，教育和引导孩子，才能更好地陪伴在孩子身边，才能更加积极地与孩子共同成长。作为父母，一定要发现孩子的优势所在，很多父母之所以总是批评和否定孩子，就是觉得孩子一无是处，实际上这样的想法对于孩子是有很大危害的。前文说过，孩子的自我评价能力发展不足，他们常常会对自己做出错误的评价和认知，有的时候也会因为信任父母，就把父母对他们的评价作为自我评价。如此一来，父母的评价对孩子的影响非常大，有些父母无意间对孩子做出负面的评价，甚至会对孩子的一生都产生消极的影响。

　　为了帮助孩子获得信心、战胜恐惧，父母还要避免对孩子提出过高的要求。很多父母对于孩子总是提出太高的要求，导致孩子哪怕再怎么努力，也无法达到父母的预期，为此会产生深深的挫败感，也会否定自己。作为父母，要根据孩子的实际情况和能力来酌情提出要求。要求既不要太高，否则会导致孩子产生挫败感；也不要太低，否则就无法激发出孩子的力量。只有对孩子提出适度的要求，让孩子经过努力之后就能实现，才有助于激励孩子不断进取、坚持进步。

　　不管采取怎样的方式，父母都要帮助孩子战胜内心的恐惧，这样孩子才会更加理性地认知自己，也才会鼓起信心和勇气面对成长。记住，父母是孩子的引路人，也是孩子最好的榜样。尤其是在家庭生活中，如果父母总是表现出胆小怯懦的样子，就会无形中对孩子产生负面影响。所以，只有真正勇敢的父母才能教养出勇敢无惧的孩子，也才会把自身优秀的品质深刻地烙印在孩子身上。

为何孩子不想得第一

　　放学了，乐乐回到家里，看起来似乎有些不高兴。妈妈敏感地觉察到乐乐情绪的异常，也考虑到乐乐正处于青春期，情绪容易波动，因而赶紧询问乐乐："乐乐，怎么了？今天在学校里不高兴吗？"乐乐摇摇头，一言不发。妈妈又问："乐乐，有什么事情都要告诉妈妈，妈妈会帮助你的，好不好？你忘记了吗，爸爸妈妈都是你的坚强后盾！"乐乐看着妈妈，说："这个问题偏偏是和你们这俩坚强后盾有关系的。"妈妈的心突然紧张起来："你在学校里闯祸了吗？"乐乐还是摇头，妈妈急坏了："你你这个孩子，能不能赶紧说啊，心脏病都很快被你吓出来了。"乐乐以非常沉重的语气告诉妈妈："我语文考试得了第一名。"

　　妈妈悬着的心放下来，忍不住拍了乐乐一巴掌："你这个家伙故弄玄虚是吧，得了第一名是好事情啊！"乐乐不以为然："对于你们这俩坚强后盾来说是好事情，但是对于我来说，并不是好事情啊！因为我这次考了第一名，你们就会要求我下次也考第一名。就像上次我不小心考了第一名，后来每次考试你们都嘀咕我为何不考第一名，但是我真的没有办法保证每次都考第一名！"听完乐乐如同绕口令一样的表达，妈妈忍不住笑起来："哈哈，你这个家伙，是因为你有能力考第一，我和爸爸才期望你考第一的啊！难道你为了降低我和爸爸的心理预期，故意不考第一吗？"乐乐说："当然不是，但是我很希望你们认识到我不可能每次都考第一，这样我偶尔考第一的压力还小一些。"妈妈听到乐乐一本正经的话，陷入沉思之中。

为何孩子不愿意考第一呢？小学阶段，孩子考了第一就会高高兴兴拿回家向爸爸妈妈报喜，但是进入青春期之后，孩子的心思变得细腻了，为此他们在考了第一之后，虽然还是一如既往地高兴，但是也夹杂着几分忧思，这是因为孩子担心一旦考了第一，就会被爸爸妈妈强求每次都考第一。事例中，乐乐说得很对，他根本没有办法保证每次都考第一，所以如果爸爸妈妈把考取第一当成意外的惊喜来看待还好，如果心理预期一下子提升了，把考第一作为对他的必然要求，那么他就会感到压力山大。实际上，孩子是否喜欢考第一，在很大程度上取决于父母对待第一的态度。

如今，很多父母都陷入教育焦虑状态，对于孩子的学习往往怀有过高的期望，这也是导致孩子承受巨大学习压力的原因。如果父母能够摆正心态，让孩子尽力而为，而不对孩子提出过高的要求和期望，那么孩子在学习上反而会更加轻松，也会表现出更好的状态。父母要知道，名次对于孩子而言从来不是最重要的，甚至学习成绩对于孩子的成长也不是最重要的。父母必须引导孩子全面发展，让孩子切实得到能力上的提升和思想上的强大，这样孩子才会身心健康地成长，也才能坦然面对自己在成长和进步过程中出现的波动和起伏。

现代社会，每个人都承受着巨大的压力，父母在职场上打拼，还要照顾家庭，觉得压力山大；孩子在学习上竭尽全力去拼搏，也要承受巨大的压力。很多父母因为自身的压力和倍感生活艰辛，会以为孩子好的名义，无形中就把压力转嫁到孩子身上。不得不说，这样的压力是超出孩子的心理负担的。正因为如此，近些年来青春期孩子自杀的事件才会时有发生。作为父母，一定要顶住教育的压力和焦虑，给孩子适度施加压力，激发起孩子对于学习的动力，这样才是有助于孩子成长和进步的。否则，当压力大到孩子无法承受，孩子就会处于崩溃的边缘，也很有可能在情绪冲动、失去理性的关键时刻，做出过激的举动，造成无法挽回的后果。

当孩子不想得第一的时候，父母一定要留心孩子心理状态的变化，要弄清楚原本应该得第一而欢欣雀跃的孩子，为何偏偏不想得第一，这样才能洞察孩子反常行为背后的原因，也才能有的放矢地疏通孩子的情绪，解决孩子的心理问题。反之，当孩子对于得第一过度重视和过于渴望的时候，父母也要告诉孩子得第一不是学习的唯一目标和终极目的，而只是在一次竞争中的排名。父母要激励孩子全面发展、努力创新，也要培养孩子拥有优秀的品质，帮助孩子形成良好的心态，这样孩子才能实现身心健康，也才能可持续性发展。记住，孩子的成长是漫长的过程，需要父母用心照顾，也要父母用理解和包容为孩子铺垫快乐的成长道路！

后 记

当青春期撞上更年期,可不是"我被青春撞了一下腰"那么简单,而是有可能把老腰都撞折了。作为父母,从孩子小时候就用心细致地照顾,原本以为随着孩子渐渐长大,抚养孩子会变得更加轻松一些,没想到随着青春期的到来,对孩子的抚养照顾的确变简单了,对孩子的教育和引导却变得越来越复杂。很多父母都在感慨:孩子为什么越来越沉默了呢?我为什么对孩子越来越感到陌生了呢?甚至有的父母质疑:这还是我从小养到大的那个小家伙吗?如假包换,这当然是你从小养到大的小家伙啦!其实,不是这个世界变化太快,而是你没有跟上形势和潮流;也不是孩子变得让你陌生,而是你没有跟上孩子成长的脚步。

大多数父母直到孩子进入青春期,其意识还停留在孩子的儿童阶段,不得不说,这样的成长速度真的太慢了。也有的父母觉得自己不需要和孩子一起成长。然而,意大利著名的教育学家蒙台梭利说过:"儿童是成人之父。"作为父母,一定要更加理性地面对孩子,也要怀着谦虚的态度和"空杯心态"陪伴孩子一起成长。唯有如此,父母才能和孩子携手前进,这是至关重要的。

每个孩子从脱离母体开始,就踏上了"见风长"的人生旅途。有些父母不希望孩子快快长大,然而孩子成长的脚步是任何人都无法阻挡的。不管父母是否对青春期孩子开展性教育,孩子都处于性意识和性成长的关键时期。由此可见,孩子的成长势不可当,明智的父母会提前了解孩子的身心发展规律,从而有的放矢地引导与陪伴孩子。

提起青春期，很多父母都知道孩子在青春期是非常叛逆的。实际上，青春期的孩子更像是"顺毛驴"，如果能够与孩子之间展开积极的互动，以合理的方式与孩子沟通，真正打动孩子的心，那么孩子就会把父母的话听进去。

记住，要想让孩子青春期不迷惘，父母就要从自身做起。只有明智、睿智、理智的父母才能恰到好处地引导孩子，也才能全心全意地陪伴孩子，才能给予孩子最佳的指引和帮助！你做好准备读懂青春期孩子的心了吗？作为父母，一定要坚持学习，用心、用爱对待孩子，才能为孩子营造爱与自由的成长空间，才能帮助孩子收获更美好的人生和未来！